THOMAS PESQUET

DU MÊME AUTEUR

Elon Musk. De Tesla à X, les défis de l'homme qui invente notre futur, L'Archipel, 2024.

Jeff Bezos, d'Amazon à la conquête spatiale, L'Archipel, 2023.

Scipion l'Africain, le vainqueur d'Hannibal qui sauva Rome, Nouveau Monde, 2022.

La France en colère. 500 ans de rébellions qui ont fait notre histoire, Buchet-Chastel, 2021.

100 idées reçues, contrevérités et faits insolites sur la conquête de l'espace, avec Philippe Poinas, L'Archipel, 2019.

On a frôlé la guerre atomique, L'Archipel, 2018.

Ces héros méconnus de l'Histoire, Larousse, 2018.

Folles du Führer, Elith Éditions, 2017.

Lénine, le tyran rouge, L'Archipel, 2017.

L'Inévitable Chute des empires, Trajectoire, 2017.

L'Histoire revue et corrigée en 60 événements majeurs, L'Opportun, 2017.

Gloire aux vaincus ! Les Plus Belles Raclées de l'Histoire, L'Opportun, 2016.

Les Manipulations les plus incroyables de l'Histoire, L'Opportun, 2016.

Les Derniers Jours des chefs nazis, First, 2015.

Les 50 Décisions les plus absurdes de l'Histoire, L'Opportun, 2015.

Ils ont échappé à la mort. Les Tentatives d'assassinat qui ont changé l'histoire de France, Tallandier, 2014.

Quand le Vatican fait l'Histoire, L'Opportun, 2014.

Raspoutine, prophète ou imposteur ?, L'Archipel, 2014.

Et si… JFK n'avait pas été assassiné en 1963 ? ou l'Histoire mondiale revue et corrigée en 20 uchronies, L'Opportun, 2013.

LUC MARY

THOMAS PESQUET

L'enfant des étoiles

l'Archipel

Notre catalogue est consultable à l'adresse suivante :
www.editionsarchipel.com

Contact : serviceclients@lisez.com

Éditions de l'Archipel
92, avenue de France
75013 Paris

ISBN 978-2-8098-4782-6

Introduction

L'ÉTOFFE D'UN HÉROS *MADE IN FRANCE*

« Rien n'est impossible. »

Devise de Thomas Pesquet

Scientifique, technicien, pilote, mais aussi musicien, alpiniste, nageur et rugbyman, tel apparaît le profil du parfait astronaute. Ajoutez à cela que « l'homme qui marche dans l'espace » est à la fois beau, drôle et sympa, vous obtenez l'équation de l'ami idéal, du gendre parfait et du mari adulé.

Cet homme, Thomas Pesquet, n'est pourtant pas issu d'un roman de science-fiction. Il est même le Français le plus populaire de l'Hexagone depuis plusieurs années : Thomas Pesquet, un surdoué né en 1978. Depuis maintenant une quinzaine d'années, le natif de Rouen défraie la chronique spatiale.

Quand Tom Cruise rencontre Gagarine

Pour flirter avec les étoiles, il faut avoir la baraka d'un surhomme et l'âme d'un enfant. Autrement dit, être doué d'une condition physique exceptionnelle et avoir la capacité de s'émerveiller à chaque instant devant le spectacle insensé du cosmos. Ce double don, Thomas Pesquet l'a assurément. Sa curiosité n'a d'égale que son ambition. Après avoir confectionné une fusée en carton dans son propre jardin, le jeune Normand a toujours levé les yeux vers le ciel. Pilote d'Airbus à vingt-huit ans après avoir fait SupAéro, il n'hésite pas à tenter le grand saut pour l'espace en répondant à une annonce de l'Agence spatiale européenne (ESA) : le recrutement des futurs astronautes pour la Station spatiale internationale, voire au-delà. Et il n'est pas le seul en lice. Plus de huit mille candidats sont sur la ligne de départ. Au printemps 2009, après une kyrielle de tests physiques et psychologiques, il est sélectionné pour le dernier carré. C'est le début d'une carrière spatiale à la fois fabuleuse et sans embûche.

À deux reprises, en 2016 et 2021, il a séjourné plus de six mois dans l'espace et effectué pas moins de six sorties extravéhiculaires dans le vide spatial, totalisant près de quarante heures de « marche dans l'espace ». Sans avoir accompli d'exploit particulier – il ne s'est pas éloigné à plus de 500 kilomètres de notre planète –, le spationaute de l'ESA a pourtant révolutionné l'image de la conquête spatiale en utilisant avec sagacité l'impact des réseaux sociaux. À la grande surprise des médias, chacun de ses déplacements sur l'Hexagone est un événement. Du jamais vu de mémoire d'astronaute… français[1].

Thomas Pesquet n'est certes pas le premier Français à s'envoler pour le cosmos, mais le dixième depuis 1982. Mais ses prédécesseurs, tels Jean-Loup Chrétien et Patrick Baudry, pourtant célébrés à leur époque, n'ont pas rencontré la même popularité. Car, aux yeux de ses admirateurs, Thomas est un champion de la communication et un as de la vulgarisation. « La conquête de

1. En son temps, chacun des déplacements de Youri Gagarine, héros de l'Union soviétique, drainait des foules considérables, en URSS comme ailleurs.

l'espace, c'est l'affaire de tous », aime-t-il répéter. En orbite circumterrestre pendant près de quatre cents jours, il communie ainsi avec le plus grand nombre en mitraillant de photos notre planète et surtout en parlant de son expérience au quotidien à des centaines de milliers de Français. Au gré de ses tweets, tout un chacun est chaque soir bercé par la musique des sphères. Thomas Pesquet n'est pas seulement un astronaute, il est un apôtre inconditionnel du voyage interplanétaire. Qui plus est, il est doté d'une modestie et d'un humour incomparables. À l'en croire, il serait devenu astronaute après avoir échoué dans le basket-ball professionnel !

S'il n'a pas encore marché sur l'astre sélène, Thomas a vraiment décroché la Lune auprès de ses concitoyens. Troisième personnalité préférée des Français selon le top JDD du 31 décembre 2023, il est le premier arpenteur des étoiles à enthousiasmer les imaginations des adultes et à faire rêver les enfants. « Jamais avant lui un astronaute n'avait autant touché le cœur de l'Humanité », confie Frédéric Pradeilles, le directeur du Cnes de Toulouse. D'une certaine façon, Thomas Pesquet est la synthèse de Tom Cruise et de Youri Gagarine…

Première partie

Itinéraire d'un petit Normand épris de cosmos

« Quand on est à Dieppe, on a la possibilité d'aller toucher les étoiles. »

Nicolas Langlois, maire de Dieppe, le 12 octobre 2017

Automne 1985. Depuis près de treize ans et la mission Apollo XVII, aucun astronaute n'a arpenté le sol sélène. L'ère des grands voyages spatiaux habités semble appartenir à des temps révolus et Elon Musk n'est encore qu'un gamin prisonnier de l'univers sud-africain. Et pourtant, l'espace continue à faire rêver.

En ce milieu des années 1980, sorte de préhistoire de la conquête de l'espace, l'exploration automatique du Système solaire bat son plein. La sonde *Voyager 2* fait route vers Uranus et les vols de la navette américaine rythment l'actualité astronautique, tandis qu'un garçonnet nommé Thomas Pesquet fabrique sa première fusée en kit dans son jardin. À bord de ce vaisseau en carton extraordinaire, il fait le tour de la Voie lactée en une fraction de seconde, regarde sous les jupes des Géantes rouges et s'approche régulièrement de la galaxie d'Andromède, vrai sosie de notre galaxie dérivant dans le cosmos à près de 2 millions d'années lumière – une voisine de palier galactique, en quelque sorte.

Ainsi débute la grande histoire de l'astronaute français le plus populaire de son pays…

1

La tête dans les étoiles

« Le futur appartient à ceux qui croient
à la beauté de leurs rêves. »
Eleanor Roosevelt

Tout commence à Auffay[1], une petite commune normande nichée non loin de Rouen. Occupée par les Anglais au lendemain du désastre d'Azincourt et brûlée par les Bourguignons deux générations plus tard, elle a aussi été bombardée par les Allemands au cours de la Seconde Guerre mondiale, avant de devenir un paisible petit bourg du pays de Caux où rêvent les adolescents. Parmi eux, Thomas Pesquet, un fils de profs obsédé depuis sa prime enfance par le mystère de l'Infini.

« Demain, je pars en fusée pour l'espace »

Né le 27 février 1978 à Rouen, le jeune Thomas a très tôt levé les yeux vers les étoiles. Ses parents, Benoît et Chantal, tous deux férus de sciences physiques, ne font d'ailleurs rien pour le décourager. Bien au contraire, ils entretiennent sa passion et l'aident à construire son

1. Cette commune, rebaptisée Val-de-Scie en 2019, a fusionné avec Cressy et Sévis.

propre vaisseau spatial en carton et en papier dans le jardin familial. Pour le jeune Thomas, âgé de six ans, monter dans cette navette spatiale improvisée est un bonheur. « Demain, je pars en fusée vers l'espace ! », lance-t-il à ses parents. Pendant plusieurs mois, à raison de séances quotidiennes après l'école, Thomas s'amuse comme un fou dans sa fusée fictive. À l'exemple des personnages de la série *Star Trek*, avec ses peluches en guise de passagers interplanétaires, le fils cadet de la famille Pesquet explore des mondes inconnus et s'improvise pilote aguerri effectuant des atterrissages risqués sur le sol de quelque planète exotique.

Dans cette première quête de l'infini à l'échelle de sa maison, Thomas a déjà un héros : son père, qui l'accompagne dans toutes ses fantaisies. Quotidiennement, Benoît Pesquet rassemble ainsi des cartons de différente taille pour son jeune fils, y dessine des cadrans au feutre, des boutons de toutes les couleurs et des cartes du ciel.

Le monde de l'espace ne s'arrête pas à sa seule fusée de carton-pâte. À peine sorti de son cockpit de fortune, le jeune Thomas raconte ses « incroyables aventures interstellaires » à ses parents, avant de se plonger dans la lecture d'*Objectif Lune*, l'album culte de Tintin sorti une trentaine d'années plus tôt. Thomas ne peut détacher son regard de la couverture. La fusée à damier rouge et blanc captive toute son attention. À l'instar du héros de Hergé, l'enfant du pays de Caux s'imagine marcher sur la Lune et faire des bonds de géant en tâchant de décrocher la Terre du plafond cosmique.

Mais cette perspective fantastique lui sera sans doute à jamais inaccessible. Tout au moins n'y croit-il qu'à moitié. À défaut d'explorer les lointains corps célestes, le jeune Thomas caresse un autre rêve, bien terrestre celui-là : jongler avec des globes bien plus petits, à savoir les ballons de basket du championnat américain. Contre toute attente, l'idole de l'élève d'Auffay n'est pas l'astronaute Neil Armstrong, mais… le basketteur Michael Jordan. Deux Américains qui, d'une certaine façon, ont défié la pesanteur.

L'enfant qui rêvait de devenir Michael Jordan

1991. À l'heure où l'Union soviétique connaît son chant du cygne, le jeune Thomas avance ses pions, espérant toujours voler un jour à bord d'un vaisseau Soyouz. En attendant le grand saut dans les étoiles, le jeune garçon, à douze ans, décroche un titre de champion de judo de son département, suit régulièrement des cours de saxo, apprend la natation et surtout passe son temps à décortiquer les matchs de basket américain sur la chaîne Canal+, quitte à veiller jusqu'au milieu de la nuit. Une vraie passion. Comme son frère aîné Baptiste, de treize mois son aîné, il est fasciné par les joueurs de la National Basket Association. Il rêve d'être noir, grand, américain et surtout basketteur. Dans la cour de l'école, le fils Pesquet ne jure que par Michael Jordan, joueur vedette des Chicago Bulls de 1984 à 1998 et star de la NBA[1], le championnat de basket américain.

Loin de constituer des obstacles sur la longue route du cosmos, ses multiples passions le propulsent sur le chemin des étoiles. Plus encore que les fusées, ce sont les avions de chasse qui le captivent. Dans sa chambre, il affiche ainsi un poster du Super-Étendard, ce fleuron de l'aéronavale française.

1. National Basketball Association, la ligue américaine de basket-ball.

À la fois musicien, intello et sportif, il a ainsi de multiples hobbies apparaissant comme autant d'atouts qui façonnent sa personnalité et encourageront le futur grand jury de 2008 à le sélectionner pour l'ultime frontière. En effet, les ingénieurs spatiaux ne recherchent pas exclusivement des incollables en maths et en physique, mais des jeunes gens ouverts sur le monde, des garçons ou des filles aux multiples facettes qui s'intéressent à une foule d'activités qui forgent votre caractère et renforcent votre sociabilité. Selon les sélectionneurs, l'esprit d'équipe est aussi indispensable que les performances personnelles. « J'ai largement rempli avec toutes mes passions ce que l'on appelle le "bas du CV". Toutes ces indications qui sont autant d'indices sur votre personnalité[1] », révèle le futur grand astronaute.

Un cursus universitaire presque trop parfait

Malgré tout, le fils cadet de Benoît et de Chantal Pesquet est un travailleur infatigable. Il décroche son bac scientifique en 1996 avec la mention « bien » au lycée Jehan-Ango de Dieppe, perché au sommet d'une falaise. C'est là qu'il se lie d'amitié avec sa future épouse, Anne Mottet, une brune pimpante et très brillante. Rigoureuse, classique, elle est fille d'ingénieur. Après son bac, elle intégrera une prépa Math Sup Bio au lycée Hoche, à Versailles. Son objectif: devenir ingénieur agronome.

De son côté, Thomas rejoint une classe préparatoire au lycée Pierre-Corneille de Rouen. Deux années d'un travail intensif mais pleinement mené, ce dans tous

1. Propos rapportés par Denis Granjou, *Thomas Pesquet, une odyssée française*, City, 2021 ; J'ai Lu, 2023.

les secteurs de la connaissance. À ses professeurs de Math Sup et Math Spé, « l'enfant des étoiles » laissera le souvenir d'un étudiant, dont la rigueur et l'efficacité n'avaient d'égales que la sérénité et la modestie. Qu'il s'agisse des matières scientifiques ou des disciplines littéraires, Thomas n'a jamais montré la moindre faiblesse, y compris en sport. Rageant pour ceux qui ne savent pas trouver leur chemin faute de talents !

Tous les chemins mènent à Toulouse

À peine sorti des classes préparatoires du lycée Pierre-Corneille, Thomas n'a plus qu'une obsession : piloter à tout prix. N'étant ni noir, ni américain, ni très grand, il renonce à sa carrière de basketteur pour se consacrer exclusivement à sa passion favorite : naviguer dans les airs et, plus tard, s'envoler pour l'espace lointain. Dans cette perspective, Thomas lorgne vers Toulouse. La ville rose est en effet La Mecque de tous les amoureux des étoiles. Le Centre national d'études spatiales (Cnes), créé en 1961 à l'initiative du général de Gaulle, y abrite le dernier fleuron industriel et technologique de la France, une maquette à taille réelle de la fusée Ariane 5…

Premier bouleversement : notre jeune Normand de vingt ans doit quitter sa contrée natale. Pour son plus grand bonheur. Les cours et le rythme de travail de l'école SupAéro sont pour lui un enchantement. Si sa chambre n'excède pas 9 mètres carrés, le campus est pourvu de toutes les installations nécessaires, de la piscine au gymnase, en passant par les courts de tennis et une grande bibliothèque. Mais surtout, Toulouse et les Toulousains sont une merveilleuse découverte. « Ce sont les plus belles années de ma vie », confiera-t-il. Il ne connaît en effet aucune difficulté d'adaptation.

D'emblée, il adopte les coutumes locales en participant à de nombreuses activités sportives et culturelles. Parmi elles, le parachutisme, la plongée, le ska – il fait partie d'un groupe d'une dizaine de musiciens baptisé Les Skalatorz – et surtout le rugby. Il prend aussi un plaisir certain à participer à la fête du beaujolais nouveau sur la place Saint-Pierre !

Enfin, le Normand connaît un vrai coup de foudre pour le monde du rugby. L'idéal collectif qui se dégage de ce sport est tout à fait adapté au « bas du CV » du futur parfait astronaute. Tous les dimanches, fort de son corps sec et musclé, Thomas chausse ses crampons, endosse son maillot et s'impatiente de saisir le ballon pour mieux le poser au-delà de la ligne d'en-but adverse… Une passion à jamais gravée dans son cœur et son corps : en 2017 et 2021, lors de ses deux missions spatiales, il n'hésitera pas à revêtir plusieurs fois le maillot de l'équipe de Toulouse. Mieux encore, il pourra visionner en direct de l'ISS un match de son équipe favorite[1] !

Et ce n'est pas tout. Au-delà même du rugby et de ses nombreuses activités sportives, Thomas n'hésite pas à donner des cours à des élèves en difficulté scolaire. Selon lui, cet investissement social est inséparable de son objectif spatial. Fait non moins essentiel, c'est dans le cadre de SupAéro qu'il apprend à voler. En 2000, il effectue ainsi ses premières heures de vol sur un DR400, un avion quatre places à hélice, avec un instructeur en double commande.

Dans le milieu hostile de l'espace, ce qui prime n'est pas l'héroïsme d'un seul homme, mais l'esprit de camaraderie et d'entraide qui doit animer chaque astronaute. En pénétrant à bord de la Station spatiale internationale,

1. Voir p. 170-171.

on ne se contente pas de s'émerveiller devant l'immensité cosmique ou la sphère bleutée de notre Terre, ni même de se livrer à des exploits individuels ; on s'intègre dans une famille, voire une communauté, avec un programme bien défini d'expériences, tant dans le domaine médical que dans celui de la mécanique des fluides, le tout dans un espace restreint et contraignant. Autant dire que les mécanos sont plus recherchés que les philosophes. Si les candidats au grand bond dans l'espace ont la tête dans les étoiles, ils se doivent plus encore d'avoir les pieds sur terre…

2

Les pieds sur terre

« Souvenez-vous de toujours regarder en haut vers les étoiles… »

Stephen Hawking, en 2012, le jour de son 70e anniversaire

2001. Une année terrible pour l'aviation civile. Le 11 septembre au matin, quatre Boeing appartenant aux grandes compagnies intérieures américaines sont détournés par une vingtaine de terroristes se réclamant de l'islamisme radical. Pour la première fois de son histoire, le territoire américain est attaqué par une organisation terroriste non étatique qui ne lui a pas déclaré la guerre.

Itinéraire d'un « stagiaire parfait »

C'est dans ce climat apocalyptique que Thomas Pesquet décroche son diplôme d'ingénieur aéronautique, après avoir passé sa dernière année à l'École polytechnique de Montréal. Il s'y est spécialisé dans la conception et le contrôle des satellites.

Au moment des attentats du 11 Septembre, il n'est plus sur le territoire américain, mais sur la Côte d'Azur, sous le chaud soleil de Cannes. Depuis le mois d'avril 2001, il travaille en tant qu'ingénieur stagiaire chez Thales Alenia Space, un fabricant mondial de satellites, une entreprise high-tech dont le slogan est : « Un temps d'avance sur le futur ». Comme à son habitude, le Normand y effectue un parcours sans faute. En cette fin d'été 2001, il finit de rédiger son mémoire, « L'ingénierie système en avant-projet satellite », titre obscur pour le commun des mortels. Cet ouvrage très technique s'efforce de décrire tous les outils logiciels nécessaires pour préparer une mission spatiale, de la trajectoire des satellites aux exigences techniques des essais. Un programme vraiment complexe.

Quoi qu'il en soit, tous ceux qui ont approché Thomas Pesquet sont formels : ce jeune homme ne présentait aucune faiblesse, sur les plans aussi bien intellectuel que social et physique. Une vraie machine à réussir. Il n'est pourtant pas un androïde venu du futur, mais un homme dans toutes ses dimensions. Si son talent est immense et ses aptitudes très larges, Thomas Pesquet est d'abord un bourreau de travail et, surtout, un scientifique insatiable et toujours enthousiaste à l'idée d'apprendre, mais aussi de partager ses connaissances…

Après avoir brillamment soutenu son mémoire dans les locaux de Thales, Thomas s'envole pour Madrid, chez le géant GMV. Loin de vouloir changer de métier, notre jeune ingénieur se perfectionne dans sa spécialité, la conception et la dynamique des objets spatiaux. Il est notamment chargé de suivre et d'analyser la trajectoire de plusieurs satellites équipés d'un radar et conçus dans le cadre de la mission COSMO-SkyMed[1] pour l'Agence spatiale italienne.

---

1. COSMO est l'acronyme de l'anglais « Constellation of Small Satellites for the Mediterranean Basin Observation » (« constellation de petits satellites pour l'observation du Bassin méditerranéen »).

Nous sommes en octobre 2001. Les attentats du 11 Septembre et la tragédie de l'usine AZF à Toulouse sont dans tous les esprits. Là encore, notre jeune ingénieur en aéronautique de vingt-trois ans remplit admirablement sa mission d'analyste. Au terme d'un an passé en Espagne, il est de retour à Toulouse, fort de ses deux expériences réussies dans des entreprises de prestige. À l'automne 2002, il intègre cette fois le Cnes, saint des saints de l'industrie astronautique française. Ingénieur attitré travaillant sur l'autonomie des vols spatiaux, il est désigné comme coordonnateur des différentes politiques spatiales en Europe. L'idée est de concevoir un langage informatique commun pour guider les différents satellites où qu'ils soient dans l'espace.

L'ascension de Thomas Pesquet est fulgurante. Pourtant, le Français se sent encore frustré. Il lui manque l'adrénaline du vécu, de l'expérience directe. Ce à quoi il aspire par-dessus tout, c'est de voler comme Icare. Avant même de pouvoir se retrouver dans le cockpit d'une fusée, il rêve de piloter un avion. L'atmosphère terrestre n'est-elle pas l'antichambre de l'espace lointain ?

Aux commandes d'un Airbus A320

De Toulouse à Madrid en passant par Cannes et Montréal, Thomas Pesquet est accaparé par son travail d'ingénieur en aéronautique. Il n'en continue pas moins à nourrir sa passion favorite : le pilotage. Dès le printemps 2004, il est ainsi sélectionné pour le programme « Pilote Cadet » d'Air France. Dans cette perspective, il se rend dans le Nord, entre Lille et Dunkerque, dans la commune de Morbecque, puis rejoint le château de la Motte-aux-Bois, érigé il y a presque un millénaire par un certain Robert le Frison, au cœur de la forêt de Nieppe. Derrière cette magnifique demeure du XIe siècle, où séjourna notamment Thomas Becket[1], se cache l'Institut aéronautique Amaury de La Grange (IAAG), un établissement créé en 1962 et spécialisé, entre autres, dans la formation des pilotes de ligne. Tous les élèves, pas moins de trente-six dans le contingent de Thomas, portent l'uniforme, à savoir un pantalon et un blouson bleu marine, sans compter l'incontournable cravate.

Quoi de plus merveilleux que de rêver aux grands espaces dans un lieu hors du temps et parfaitement autonome ? Sans compter les nombreuses chambres et les salles de cours, l'Institut abrite en effet une chapelle, un restaurant, une cafétéria et même un gymnase. D'une certaine façon, le château de la Motte-aux-Bois scelle le mariage entre le passé et le futur, la tradition et l'innovation, l'amour de la terre et la vénération du ciel.

Quand il entre dans cette demeure médiévale, le jeune ingénieur a d'abord l'impression de s'être trompé de siècle ou d'effectuer une retraite religieuse après la cadence infernale de ces derniers mois. Impression de courte durée. Car le rythme de travail au sein de l'Institut est tout aussi prenant. Pendant près de quatorze mois, les cours succèdent aux tests et les exercices de simulations aux examens. De la météo à l'aérodynamique en haute altitude, en passant par les moteurs à réaction, Thomas Pesquet se doit de décrocher pas moins de quatorze certificats théoriques. Loin de rester confiné dans les murs de l'Institut, il s'adonne en outre à sa passion première en multipliant les vols sur de petits appareils, à l'instar du Diamond DA40, un avion-école quadriplace. Pas moins de 2 300 heures de pilotage, non pas sur les terres mêmes du château, mais à une dizaine

1. L'archevêque de Canterbury, assassiné en 1170 par des sbires du roi Plantagenêt Henri II.

de kilomètres plus à l'est, sur l'aérodrome de Merville-Calonne. Là encore, il laissera un souvenir impérissable à ses instructeurs.

Deux ans après son entrée à l'IAAG, au printemps 2006, le natif de Rouen connaît sa consécration : il pilote pour la première fois un Airbus A320, une splendeur mécanique de plus de 140 tonnes. Dans son autobiographie, il racontera cet étonnant baptême de l'air : « Nous sommes en approche de Roissy, dernière étape d'une longue journée. Il fait nuit noire, tout est calme, nous nous apprêtons à amorcer le dernier virage pour nous aligner face à la piste à une trentaine de kilomètres, quand, soudain, je vois le *captain* s'écrouler littéralement sur son siège. Je comprends tout de suite qu'il s'agit d'un test. La bonne blague. Il n'empêche qu'il embarque son manche en basculant, ce qui déconnecte le pilote automatique ! Évidemment, j'attrape les commandes et corrige la trajectoire avant que le virage ne commence. Je déroule la procédure, j'appelle le chef de cabine, je simule le message radio et l'affichage du code de détresse au transpondeur et je poursuis tout seul. Le *captain* se redresse alors avec un grand sourire[1]... »

C'est un succès total. À n'en pas douter, la route des étoiles commence à s'ouvrir.

---

1. Thomas Pesquet, *Ma vie sans gravité*, Flammarion, 2023.

3

Ainsi naît « l'enfant des étoiles »

« Thomas Pesquet ? Le plus doué de notre promotion 2009. »

Luca Parmitano

10 avril 2008. « Le temps est venu pour l'ESA de rechercher de nouveaux talents afin d'étoffer son corps d'astronautes en vue des futures missions avec équipage à destination de l'ISS, de la Lune et au-delà. » Parue dans *Le Monde*, c'est l'annonce choc de l'Agence spatiale européenne. Et elle ne passe pas inaperçue. En particulier de notre tout nouveau pilote de ligne, Thomas Pesquet.

L'appel de l'espace

À l'instar des pilotes privés, les futurs candidats devront fournir un certificat médical, mais aussi se soumettre à un certain nombre d'examens pour évaluer leurs aptitudes professionnelles et psychologiques, en particulier des tests de comportement et des capacités cognitives. Enfin, le dernier carré des sélectionnés devra passer devant une commission d'examen des candidatures.

« À partir de mai 2008, l'ESA recherchera dans ses dix-sept États membres les candidats les plus aptes à contribuer à la concrétisation de ces perspectives », déclare de son côté Michel Tognini, ancien astronaute, mais surtout chef du Centre des astronautes européens. « Pour l'aspirant astronaute européen, le profil idéal serait de posséder des compétences dans des domaines tels que les sciences de la vie, la physique, la chimie, la médecine, l'ingénierie ou le pilotage, ajoute Gerhard Thiele, le chef de la division Astronautes européens. Tous les candidats auront en outre de bonnes capacités de raisonnement, de mémorisation, de concentration et d'orientation dans l'espace, ainsi que de la dextérité manuelle. » Pour couronner le tout, les candidats doivent maîtriser au moins deux langues, à commencer par celle de Shakespeare, et faire preuve d'une sérénité à toute épreuve. Enfin, ils doivent savoir que la vie d'un astronaute consiste plus à arpenter le sol de notre vieille planète qu'à flirter avec les étoiles.

L'idée reçue selon laquelle il faut être un surhomme pour voyager dans l'espace doit être balayée. L'heure n'est plus aux tests physiques éprouvants, tel celui de la centrifugeuse ou du tabouret tournant. Jean-François Clervoy, l'astronaute sélectionneur de cette campagne, souligne surtout le souci, pour l'ESA, de recruter des pilotes et des gens en très bonne santé mentale et physique[1]. Une vue parfaite est ainsi très recommandée. Si l'ESA ne parle pas de surhommes, elle n'en recherche pas moins des candidats aux multiples facettes, à la fois polyvalents en matière scientifique, efficaces et sociables. En bref, des super techniciens pourvus d'une grande capacité d'adaptation.

1. Entretien avec l'auteur.

En lice!

Le 19 mai 2008, la troisième campagne de sélection des futurs astronautes européens est ouverte[1]. Être âgé de moins de cinquante ans, être titulaire d'un master scientifique ou d'ingénieur et faire preuve d'au moins deux ans d'expériences professionnelles réussies: telles sont les conditions *sine qua non* pour postuler au grand envol vers les étoiles.

À ces exigences, Thomas pense souscrire favorablement. Et il n'est pas le seul. Aux côtés de notre tout nouveau pilote de ligne, pas moins de huit mille cent quarante-deux autres candidats venus de toute l'Europe ont répondu à l'appel de l'ESA. L'épreuve de la sélection va s'étaler sur toute une année. Et elle commence par une série de tests psychotechniques. Après avoir éliminé toutes les candidatures farfelues ou décalées par rapport au métier d'astronaute, les sélectionneurs soumettent les candidats à une série de tests permettant de mieux mesurer leurs aptitudes logiques ou verbales, mais surtout leurs capacités de réaction, de mémorisation et de concentration face à un problème donné. Entre les suites de formes géométriques, de nombres et de lettres, les tests peuvent prendre différentes formes. À seul titre d'exemple, l'un de ces exercices singuliers consiste à mémoriser une série de chiffres qu'un technicien énumère dans un casque; il s'agit pour le candidat de les retranscrire sur un clavier d'ordinateur dans l'ordre inverse de leur énonciation…

En décembre 2008, au terme de six mois d'écrémage, il ne reste que cent quatre-vingt-douze candidats. Arrivé au Centre des astronautes européens à Cologne, un gros

1. Les deux précédentes campagnes de l'ESA s'étaient déroulées en 1991 et 1998. Jean-François Clervoy fut le premier Français sélectionné en mai 1992.

bloc d'aluminium vitré, Thomas fait partie des heureux élus. Sans s'en étonner, il ne s'en glorifie pas non plus. Aux journalistes qui l'interrogeront sur les raisons de sa sélection, Thomas ne prétendra jamais avoir été le meilleur, modestie oblige, mais soulignera que l'important était d'abord de croire à son rêve. « Il faut faire des choses que l'on aime, précisera-t-il. Moi, tout ce que j'ai fait, être ingénieur en aéronautique, être pilote, c'était des choses que j'aimais. Et qui m'ont permis d'avoir les bonnes croix dans les bonnes cases à la sélection[1]. »

À compter de cet instant, commence la grande bataille pour une « place au ciel ». C'est le début des tests psychologiques. Un directeur des ressources humaines, deux psychologues et un ancien astronaute sont mobilisés pour choisir les meilleurs. « On regarde leurs capacités à régler des problèmes en groupe, mais il y a aussi des tests individuels, révèle Jean-François Clervoy. Ce qui compte, c'est la résistance au stress du candidat sur des questions délicates. J'avais inventé trois scénarios différents. À Thomas Pesquet, j'avais demandé : "Vous faites une sortie extravéhiculaire, c'est la fin de la sortie et vous avez subitement une fuite d'oxygène. Selon la procédure, vous devez rentrer dans le sas, mais votre collègue vous appelle, il est emmêlé dans des câbles et si quelqu'un ne vient pas l'aider il ne pourra pas s'en sortir. Qu'est-ce que vous faites ?" Il n'y a pas vraiment de réponse meilleure qu'une autre, mais il y a des façons de raisonner. On voit si la personne est tout de suite à l'aise ou stresse à cette question. Un astronaute doit focaliser tout de suite sur la solution et pas sur le problème. Comme dans le film de science-fiction *Seul sur Mars*, où c'est très bien mis en valeur[2] ! »

---

1. Déclaration sur France Inter, le 8 juillet 2019.
2. *Science et Avenir*, novembre 2016.

Le dernier round

Plus que quarante-cinq candidats. En janvier 2009, on entre dans la dernière ligne droite. Et le stress d'augmenter avec la perspective d'être recruté. Sans faire preuve d'un optimisme béat, Thomas Pesquet commence à croire à ses chances de décrocher la Lune. Comme tous les autres candidats, il est soumis à une visite médicale approfondie. Pendant près d'une semaine, son cœur, ses artères, ses poumons, ses dents – les caries et le plombage sont éliminatoires –, son sang, son urine et sa rétine sont examinés avec soin. Même s'il n'a été victime d'aucune maladie infectieuse et affiche une forme physique éblouissante, le risque d'élimination est réel. Il suffirait d'un détail anodin pour le mettre sur la touche.

Quotidiennement, les candidats astronautes sont soumis à une série d'épreuves physiques, telles que l'incontournable tapis roulant relié à un encéphalogramme. Dans son autobiographie, Thomas Pesquet décrira ces moments peu agréables au demeurant : « À chaque période de repos : prélèvement d'une goutte de sang à l'oreille pour tester cette fois le taux d'acide lactique (qui indique, grosso modo, notre capacité de récupération). Sans oublier le tensiomètre au bras qui se déclenche toutes les deux minutes. Je remplis une pile de questions sur ma santé. Je l'ignore encore : la propension à fabriquer des calculs rénaux est une contre-indication majeure[1]… »

Selon les spécialistes de l'ESA, on peut être bien portant sur Terre et voir naître des problèmes de santé à la suite d'une exposition prolongée dans l'espace. Loin d'être anodine, la visite médicale est donc déterminante.

---

1. Thomas Pesquet, *Ma vie sans gravité*, *op. cit.*

Des pilotes de ligne seront écartés à l'issue de cette épreuve.

L'examen médical terminé, le nombre de candidats pour l'espace est encore réduit de moitié. Les derniers sélectionnés passent alors un dernier entretien personnel avec le directeur de l'ESA. L'attente est désormais insupportable. Tous les candidats restants, à commencer par Thomas Pesquet, évoquent une période interminable et angoissante. En février 2009, le nombre de candidats tombe à vingt-deux. Deux mois plus tard, ils ne sont plus que dix. Thomas est toujours en lice. Avec lui, on compte encore deux Français, deux Allemands, deux Italiens, deux Scandinaves et un Anglais. Seuls six d'entre eux doivent être sélectionnés.

À la fin avril, un dernier entretien a lieu au siège parisien de l'ESA avec Jean-Jacques Dordain, le grand boss de la maison. Si près du but, un échec devant la marche finale serait difficile à surmonter…

18 mai 2009 : plus près des étoiles

Le soir de la consécration, Thomas Pesquet est en train de dîner chez des amis parisiens, dans le XIVe arrondissement. Soudain, le téléphone retentit : c'est l'Agence spatiale européenne, plus exactement son directeur des ressources humaines. Voyant la provenance de l'appel, Thomas se lève de table et se retire dans une pièce voisine. L'instant est solennel. Il ne sait sur quel pied danser.

« Est-ce que vous voulez toujours devenir astronaute ? », lui demande la voix au téléphone. Toujours prompt à la plaisanterie, le Normand est tenté de répondre par la négative, mais il se ravise et répond naturellement que sa détermination n'a pas changé : il tient toujours à devenir astronaute, en dépit de sa fonction de pilote pour Air France. Son interlocuteur lui donne alors rendez-vous le mercredi 20 mai au Fouquet's, le prestigieux restaurant des Champs-Élysées, pour une rencontre matinale avec Simonetta Di Pippo, la directrice des vols habités.

Quelques heures plus tard, au siège de l'ESA[1], Thomas Pesquet et les cinq autres astronautes européens sélectionnés sont présentés à la presse. À ses côtés se tiennent le géophysicien allemand Alexander Gerst, l'astrophysicien danois Andreas Mogensen, le pilote d'essai britannique Timothy Peake et les Italiens Samantha Cristoforetti et Luca Parmitano, tous deux militaires de formation. Maniant l'autodérision, les six astronautes de la classe 2009 se surnomment entre eux « les Magouilleurs » – en anglais, les Shenanigans.

La nouvelle génération d'astronautes de l'ESA n'en a pourtant pas fini avec les épreuves. Après le temps des tests de sélection, vient maintenant celui des stages de survie aux quatre coins de la planète. Sept longues années d'épreuves d'endurance et de compétence attendent Thomas Pesquet, pour ne parler que de lui. Il lui faudra en effet patienter jusqu'au 17 novembre 2016 pour monter à bord d'un vaisseau spatial. Si l'aventure continue, le rêve ultime n'est pas encore atteint…

1. Rue Mario-Nikis, dans le XVe arrondissement de Paris.

Deuxième partie

La mission proxima, ou le baptême de l'espace

« L'espace n'est pas réservé à un groupe restreint d'astronautes.
C'est notre nouvelle frontière
et c'est l'affaire de tous de connaître l'espace. »

Christa McAuliffe

Le 28 janvier 1986, à peine soixante-treize secondes après son départ pour le cosmos, la navette spatiale *Challenger* explosait en vol, provoquant la mort instantanée de ses sept passagers[1]. Parmi eux, l'astronaute Christa McAuliffe, dont c'était le premier envol pour les étoiles. À 14 000 mètres d'altitude, la vitesse du Shuttle dépassait déjà les 2 300 km/h. Sous les yeux d'une foule

---

1. On sait aujourd'hui que les sept membres d'équipage n'ont pas perdu la vie dès l'instant de l'explosion, mais sont probablement décédés lors de l'impact de la navette sur l'océan quelques minutes plus tard. En mémoire des sept astronautes disparus, leurs noms seront donnés à sept astéroïdes.

incrédule et devant des millions de téléspectateurs, la navette se volatilisait en une immense boule de feu embrasant le ciel de Floride. Persuadée d'être la pionnière d'une nouvelle ère, l'institutrice de trente-sept ans a à peine eu le temps de contempler le bleu du ciel…

Plus qu'un accident, l'explosion de *Challenger* est alors vécue comme une tragédie par l'Amérique de Reagan. Un événement d'autant plus bouleversant qu'il a été retransmis en direct à la télévision. La navette spatiale, deuxième du nom, semble avoir été victime de la routine. En cause, la défaillance du joint d'étanchéité d'un booster à poudre qui aurait souffert du froid. Après cet accident sans précédent, le programme spatial américain reste figé pendant plus de deux ans…

À n'en pas douter, l'accident spectaculaire de *Challenger* n'a pas vraiment contribué à la démocratisation de l'espace. Certes, à long terme, l'exploration du cosmos sera l'affaire de chacun et il est à parier que, d'ici un bon millénaire, plus d'êtres humains vivront hors de la Terre que sur son sol. En attendant, la conquête de l'espace demeure l'apanage de professionnels aguerris. Preuve en sont la rude sélection pour devenir astronaute et les innombrables épreuves physiques et intellectuelles à subir pour avoir le privilège de décoller du plancher des vaches.

La seule expérience de Thomas Pesquet en témoigne. Entre le moment de sa sélection pour le grand saut et son premier décollage à bord d'un vaisseau spatial, pas moins de sept années ont été nécessaires. Sept années de labeur, de souffrance et de tests en tout genre. Des stages dits de survie pourtant endurés par les protagonistes avec un enthousiasme sans pareil.

4

Opérations survie !

« L'entraînement au sol demeure plus difficile pour un astronaute que la mission en elle-même. »

Jean-François Clervoy,
entretien avec Frank Lehot [1]

Le 1er septembre 2009, Thomas et ses cinq camarades du cosmos entrent à l'EAC, l'inévitable Centre européen des astronautes de Cologne pour tout candidat au grand bond. Une vraie rentrée scolaire pour notre jeune « étudiant » de trente et un ans. Avec son cartable et son inséparable combinaison bleue, il a tout à fait l'air de reprendre le chemin des études. Et ce n'est pas tout à fait un leurre. Sur une durée totale de dix-huit mois, les six sélectionnés de l'ESA vont devenir de véritables stakhanovistes de l'ère spatiale.

Hoplite spatial

Avant de subir les épreuves de survie aux quatre coins du monde, à raison de huit heures de cours théoriques par jour, les « Magouilleurs » assimilent autant que faire se peut des notions fondamentales en matière de

1. *Entretiens avec un astronaute*, De Boeck, 2022.

physique des fluides, de sciences des matériaux ou encore de technologies spatiales. Les instructeurs de l'EAC leur enseignent par ailleurs les rudiments nécessaires pour les stages de survie. En cas d'atterrissage imprévu d'un vaisseau spatial dans un milieu hostile, les astronautes doivent en effet pouvoir survivre au froid, à la faim, à la soif, ou encore à la chaleur. Il leur faut donc à tout prix apprendre à fabriquer des pièges pour se nourrir ou se protéger, à pressentir le danger ou encore à dresser un habitat de fortune pour survivre quelques jours. Pour un astronaute digne de ce nom, les dangers du retour sur Terre ne sont pas moins réels que les désagréments du vol dans l'espace.

Élu pour le grand saut, Thomas Pesquet n'est pas pour autant au bout de ses peines. Si le temps de la patience et de l'inquiétude est révolu, celui des épreuves et des contraintes physiques débute.

Il lui faut en effet démontrer qu'il peut répondre à tous les impondérables et à tous les imprévus. Partir dans l'espace, même s'il s'agit d'un rêve de gosse, n'a rien d'une colonie de vacances. Tout au mieux une noria de défis nécessitant des mois, si ce n'est des années d'une préparation digne d'un hoplite spartiate. À une différence près : il ne s'agit pas de combattre un ennemi fait de chair et de sang, comme pour le guerrier antique, mais de s'adapter à un milieu hostile et inhospitalier pour l'homme : l'espace.

Dans l'espace, on manque d'espace…

À une centaine de kilomètres au-dessus de nos têtes, soit à peine la distance qui sépare Paris de Reims, l'apesanteur bouscule sensiblement notre sens de l'équilibre et met à mal notre organisme. Troubles de conscience, maux de tête, vomissements, désorientations, atrophie des muscles et altération des sens : les effets physiologiques de la microgravité sont pléthore. L'un des grands responsables de cette désorientation est sans conteste la circulation sanguine. Dans l'espace, elle ne se répartit pas de la même façon ; soit elle irrigue trop notre cerveau, soit celui-ci n'est plus assez desservi. Dans le premier cas, elle peut provoquer des hémorragies et des maux de tête. Dans le cas inverse, l'astronaute peut perdre connaissance.

Et ce n'est pas tout ! L'un des phénomènes les plus déroutants est sans conteste celui de la décalcification des os. Si le corps s'étire en l'absence de gravité, c'est que la colonne vertébrale n'est plus comprimée par le poids de notre buste. Les résultats sont surprenants. Passé un certain nombre de mois en apesanteur, notre colonne vertébrale gagne 3 à 4 centimètres. Une bonne nouvelle pour les hommes et les femmes de petite taille ? Pas forcément. Car de retour sur Terre, avec la pesanteur, la taille reprend rapidement sa mesure originelle. Qui plus est, grandir dans l'espace est plutôt un signe de vieillissement accéléré des os.

Dernière sensation désagréable, le manque de place. Un véritable paradoxe pour les arpenteurs du cosmos. Nos pionniers ont beau danser au milieu de l'infini, leur vaisseau spatial est digne de la bâtisse des Hobbits dans *Le Seigneur des anneaux*. Pour ne citer que l'exemple du vaisseau Soyouz, plus vieux lanceur encore en activité sur le marché spatial[1], son habitacle est minuscule, étriqué et inconfortable : pas plus de 4 mètres cubes

1. C'est en effet à bord d'un vaisseau Soyouz que Gagarine s'élança vers l'infini, le 12 avril 1961. Le premier vol opérationnel de Soyouz remonte à l'année 1967 : une longévité exceptionnelle pour un vaisseau spatial. Autant dire que sa fiabilité est garantie.

pour trois passagers ! « Du point de vue des ingénieurs, plus c'est petit et mieux c'est, car c'est moins cher à lancer, explique l'astronaute américain Donald Pettit en 2012. Sur le plan du confort, le Soyouz est une boîte à sardines. Quand je suis sur mon siège, mes talons touchent presque mes fesses. Je suis attaché en huit points pour épouser la forme du siège, ce qui m'empêche de bouger quoi que ce soit d'autre que les bras. Je peux juste pivoter la tête et bouger mes orteils[1]. » Claustrophobes s'abstenir ! Confinés dans un espace pas plus grand que deux cabines téléphoniques, casqués et sanglés dans des combinaisons spatiales pour le moins inconfortables, les astronautes sont littéralement prisonniers de leur habitacle, comme si leur vaisseau évoluait au fond des océans…

Atterrissage à haut risque

Aussi fantastique soit-il, le bond dans l'espace n'est pas un long fleuve tranquille. Dans ce milieu où les lois de la nature se jouent de nos sens, la moindre erreur, le moindre problème technique peuvent conduire à la catastrophe – ne serait-ce que l'obstruction des toilettes. En d'autres termes, la routine n'est jamais de mise, tant pour s'arracher de la pesanteur terrestre que pour le retour sur Terre. Preuve en est la valeur du seul angle de pénétration lors de la rentrée de la fusée dans notre atmosphère. Que cet angle soit trop grand et le véhicule spatial peut exploser ; à l'inverse, qu'il soit plus fermé et c'est l'assurance du trampoline : le module d'exploration

1. Cité par Camille Gévaudan, « Comment se passe le voyage dans un vaisseau Soyouz ? », *Libération*, 19 novembre 2016.

rebondirait alors dans le cosmos pour une dérive sans fin dans l'océan de l'espace…

Non seulement la traversée de l'atmosphère s'avère périlleuse, avec une coque de fusée dont la température est alors portée à plus de 2000 °C, mais l'atterrissage en lui-même n'est nullement assuré. Sans compter les risques d'explosion, le vaisseau peut s'écraser, voire s'égarer et s'abîmer à plusieurs centaines de kilomètres du lieu initialement choisi. Étonnant, quand on connaît la précision des spécialistes de l'exploration spatiale. Et pourtant, au moins à deux reprises, notamment sur le territoire russe, les sondes ont traversé notre atmosphère en aveugle pour s'échouer dans un territoire inconnu, voire inhospitalier.

Le premier incident notoire remonte au printemps 1965, au cœur de la compétition américano-soviétique. Trois ans après l'épilogue de la crise des missiles à Cuba, les Américains débarquent au Vietnam et les Russes se sont brouillés durablement avec la Chine maoïste. Auteur de la première « marche dans l'espace », Alexeï Leonov rentre dans son vaisseau après avoir frôlé la mort dans le vide spatial. Sa combinaison s'est en effet démesurément dilatée à l'extérieur ; en raison de la différence de pression, elle s'est anormalement gonflée et a durci. Dans l'impossibilité d'atteindre l'interrupteur de l'obturateur accroché sur sa cuisse, Leonov entend clairement le rythme de sa respiration dans le silence de l'espace. Son cœur bat à cent quarante-trois pulsations par minute : un bruit d'enfer. Sans essayer de prévenir le centre de contrôle de Baïkonour, pris de vertiges du fait de la baisse de la pression de son scaphandre, il prend l'initiative de dépressuriser sa combinaison en libérant la soupape d'oxygène.

Leonov et son compagnon de voyage Pavel Beliaïev n'en ont pourtant pas fini avec les péripéties. À peine a-t-il réintégré la capsule qu'il se rend compte que l'écoutille s'est mal refermée. Pis encore, le vaisseau perd de l'oxygène. Et les ennuis de se poursuivre. Au moment de la rentrée dans l'atmosphère, la mise à feu des rétrofusées ne peut être enclenchée et le système de guidage automatique se révèle défectueux. Face à cette cascade d'incidents, Leonov et Beliaïev se trouvent contraints de manœuvrer manuellement leur engin pour contrôler sa trajectoire. Une entreprise délicate. Soumis à une accélération de 10 G au cours de la descente, les cosmonautes de la mission Voskhod 2 s'échouent dans une forêt sibérienne infestée de loups, près de la ville de Solikamsk, à près de 400 kilomètres du lieu d'atterrissage prévu. Rapidement repérés par un hélicoptère grâce à leur parachute rouge, ils n'en sont pas moins difficilement secourables. En raison de l'épaisseur de la forêt, tout sauvetage par les airs est écarté, d'autant plus que leur lourde combinaison ne permet pas de les hisser à bord en toute sécurité.

À défaut de les hélitreuiller sans risque, on se contente de leur parachuter des vêtements chauds pour les aider à survivre. S'ensuit un calvaire de cinquante heures, deux jours et deux nuits, au cours desquels les deux hommes doivent affronter à la fois le froid intense, les bêtes sauvages et les multiples dangers de la forêt. Mieux encore, les deux rescapés de l'espace franchissent près de 9 kilomètres à ski pour rejoindre un hélicoptère dépêché par l'armée pour les sauver…

Onze heures d'attente sur un lac gelé…

Onze ans après la mésaventure de l'équipage de Voskhod 2, l'histoire spatiale soviétique bégaie à la faveur de la mission Soyouz 23. À la différence de leurs camarades Leonov et Beliaïev, les cosmonautes Viatcheslav Zoudov et Valeri Rojdestvenski ont failli mourir noyés… Les ennuis ont débuté quelques heures plus tôt, à 260 kilomètres d'altitude. Malgré tous ses efforts, l'équipage du vaisseau soviétique n'a pu s'arrimer à la station spatiale Saliout 5 en raison d'une défaillance du système d'amarrage automatique. Au vu des échecs successifs des tentatives de s'accrocher à la station et surtout des risques d'épuisement du carburant de Soyouz, les autorités de Baïkonour décident d'annuler la mission et ordonnent aux deux cosmonautes de rentrer au plus vite. Dans cette perspective, on leur conseille d'interrompre tous les systèmes électriques…

Théoriquement, l'atterrissage doit avoir lieu dans les steppes du Kazakhstan. C'est compter sans les conditions exécrables qui agitent l'atmosphère en cette nuit du 16 octobre 1976. Non seulement une tempête de neige fait rage, mais des vents particulièrement violents font dériver la capsule d'une bonne centaine de kilomètres. À 20 h 45 heure de Moscou, Soyouz 23 s'échoue sur la surface glacée du lac Tengiz. À première vue, le vaisseau s'est écrasé dans la partie nord du lac et a transpercé la banquise. La température extérieure est de -22 °C. Incapables de s'extraire de leur capsule, l'écoutille étant immergée, Zoudov et Rojdestvenski troquent leurs combinaisons spatiales contre des vêtements de survie ; une opération pour le moins délicate, étant donné l'exiguïté du vaisseau. Gagnés par le froid qui envahit peu à peu la capsule, les deux cosmonautes espèrent des secours rapides. Un vœu pieux : en raison de la nuit noire et du brouillard couvrant le lac, les hélicoptères de secours ont toutes les peines du monde à localiser l'engin spatial. La visibilité est faible, pas plus de 70 mètres, et les vents n'ont pas baissé d'intensité.

Minuit tout juste. Les deux cosmonautes sont toujours coincés dans leur vaisseau, paralysés par le froid et incapables de communiquer avec l'extérieur en raison d'un court-circuit provoqué par l'eau qui pénètre dans l'appareil. Les parois du vaisseau se recouvrent de givre. Pour couronner le tout, le chauffage est coupé, afin de diminuer le taux de gaz carbonique, et les cosmonautes s'abstiennent de parler pour économiser l'oxygène.

À 1 heure du matin, enfin localisés par les secours, les deux hommes ne sont pas pour autant au bout de leur calvaire. Reste en effet à les tirer d'affaire. Les manœuvres aériennes se révèlent très risquées, du fait des exécrables conditions climatiques, et les véhicules amphibies expédiés pour les secourir n'arrivent plus à les repérer, si bien que le sauvetage des hommes du Soyouz est remis au lendemain, au lever du jour. Les deux rescapés de l'espace doivent encore patienter plusieurs heures dans un froid glacial.

À l'aube, la situation n'est cependant pas plus reluisante. L'hélicoptère se révèle incapable de soulever la capsule et l'écoutille refuse toujours de s'ouvrir. Décision est alors prise de remorquer la capsule au bord du lac. Des plongeurs sont largués par un hélicoptère, de façon à fixer des bouées sur la coque du vaisseau pour le tracter jusqu'à la terre ferme. L'opération dure quarante-cinq minutes. Une fois traînée jusqu'au rivage, la capsule s'ouvre enfin, laissant apparaître deux hommes complètement exténués. Sains et saufs après onze heures plongées dans un lac gelé, Zoudov et Rojdestvenski ne retourneront plus jamais dans l'espace…

Quand la route de l'espace passe par la Sardaigne

Cette longue parenthèse démontre la dangerosité de l'exploration spatiale et de sa phase ultime, l'atterrissage du vaisseau sur Terre. Certes, la centrifugeuse, le bassin de plongée, la chambre à vide et le vol en avion de chasse sont toujours d'actualité pour mesurer la santé des astronautes, mais ce que l'on privilégie avant tout, ce sont les stages de survie. Aussi bien dans les déserts brûlants jouxtant la Méditerranée que dans les forêts glacées de la lointaine Sibérie. Les futurs astronautes sont-ils pour autant des surhommes ? Non, seulement des aventuriers expérimentés nantis d'une volonté de fer et censés répondre au moindre défi. Cette expérience du combat pour la survie dans un milieu hostile, Thomas y goûte dès la fin du printemps 2010, au beau milieu de la Sardaigne.

Des hommes férus de haute technologie sont plongés dans un univers préhistorique et sauvage, dépourvu de tout confort moderne, pendant deux longues journées. Parachutés dans un espace aride et escarpé au cœur du Supramonte, une chaîne montagneuse au centre-est de la Sardaigne, entre les provinces de l'Ogliastra et de Nuoro, Thomas Pesquet et ses acolytes sont contraints de monter un camp de fortune au moyen de fougères et de simples branchages, d'allumer un feu avec des bouts de bois et de chasser le gibier pour survivre. Pendant deux jours et deux nuits, ne disposant d'aucun instrument, pas même d'une montre et d'une boussole, les candidats au grand bond se dirigent autant que faire se peut en observant la route du soleil ou la position des étoiles. Ils confectionnent des arcs à l'aide de quelques outils trouvés dans une voiture à l'abandon. Tour à tour bûcherons, pêcheurs, alpinistes ou encore spéléologues, les candidats astronautes lâchés dans la nature connaissent un vrai parcours du combattant. Un « Koh Lanta » spatial, en quelque sorte. À plusieurs reprises, ils souffrent véritablement de la faim. « Nous commençons par avaler du cresson à foison, puis de la menthe en un thé pathétique, commentera Thomas dans son autobiographie. Nous déployons pièges et collets dans l'espoir de capturer une proie. Luca, victime d'une insolation, vomit dans mes chaussures au cours de la première nuit (glaciale). Au matin, relevant nos pièges, nous trouvons des lapins, extase et satisfaction, que nous vidons, découpons et cuisons… Il fait tellement froid la nuit que nous faisons chauffer de grosses pierres contre le feu, avant d'essayer de dormir en les serrant contre nous[1]… »

Percé de canyons et surplombé de falaises abruptes, l'environnement de l'île ne ressemble en rien à un Club Med de première catégorie. Mais peu importe pour nos candidats en quête d'infini. Galvanisés par la perspective de voler dans l'espace interplanétaire, Thomas Pesquet et ses compagnons sont prêts à tous les sacrifices et à toutes les épreuves pour accéder à leurs rêves. Loin de pouvoir se comparer à des aventuriers casse-cou ou aux richissimes touristes de l'extrême, les apprentis astronautes ne recherchent absolument pas les sensations fortes ; combattre ses propres peurs en essayant d'anticiper le maximum d'aléas, tel est leur objectif fondamental.

Patience, persévérance et adaptation permanente, tel est le principe de ces expériences hors normes censées préparer nos astronautes à l'improbable. Certes, le stage de survie dans le canyon de Su Gorropu est de courte durée – pas plus de quarante-huit heures –, mais il est intense et extrêmement périlleux. La moindre glissade dans une gorge profonde peut être fatale. Surtout, il s'agit ici de tester les valeurs d'endurance, de créativité et de solidarité des astronautes en cas d'éventuel accident d'atterrissage en milieu particulièrement hostile…

1. Thomas Pesquet, *Ma vie sans gravité*, *op. cit.*

Tout en participant à leur stage de survie, les candidats astronautes préparent leur examen de rentrée. Ils apprennent, notamment, la carte du ciel. Pendant leur stage sarde, en particulier à la nuit tombée, Thomas et ses camarades s'amusent à identifier les différentes constellations et leurs étoiles principales sur la voûte céleste[1].

Récupérés au petit matin du troisième jour par hélicoptère, les six astronautes n'en ont pas fini avec leur stage de survie. À peine sont-ils hélitreuillés qu'ils sont de nouveau largués en pleine mer à bord d'un simple canot de sauvetage, pendant vingt-quatre heures non-stop! Un vrai épisode de superproduction hollywoodienne. Le spectacle de ce radeau dérivant dans une mer bleue et limpide le long de côtes aussi blanches que la craie rappelle un peu les premières images de *La Planète des singes*, un film de science-fiction d'anthologie sorti en 1968. L'espace de plusieurs heures, trois astronautes échoués par hasard au large d'un monde « inconnu » pagayaient à bord de leur faible embarcation pneumatique, à la recherche d'une quelconque forme de vie. À la fin du film, on comprenait que leur vaisseau avait fait un bond de deux mille ans dans le futur pour se retrouver sur notre bonne vieille Terre à l'horizon du XLe siècle. Les hommes étaient devenus muets et les singes étaient désormais l'espèce intelligente et dominante sur notre planète. Quelle curieuse ironie de l'Histoire!

Un tel dénouement est évidemment exclu pour Pesquet et ses amis, mais le voyage dans l'espace est le lieu de toutes les surprises, même des plus incertaines. En cas d'erreur de trajectoire, le vaisseau peut très bien s'échouer dans l'océan. Au regard de la surface qu'occupent les mers sur notre planète, le risque pour

1. Information recueillie auprès de Jean-François Clervoy.

une fusée de tomber dans l'eau est même plus élevé que de s'écraser sur la terre ferme…

En attendant les grottes martiennes

Quelques mois plus tard, en septembre 2011, Thomas Pesquet et ses compagnons d'aventure remettent le couvert, toujours en Sardaigne. L'île méditerranéenne joue cette fois le rôle de la planète Mars. Après avoir arpenté ses plateaux, gravi ses falaises blanches et descendu ses gorges, les astronautes candidats poussent encore plus loin leur expérience en s'engageant plus profondément dans les entrailles même du territoire sarde. Pendant six jours et six nuits, ils fouillent méthodiquement une grotte souterraine et en partie inexplorée. Leur mission consiste à en dresser des relevés topographiques et à ratisser la moindre cavité à la recherche d'éventuels micro-organismes.

La progression des spéléo-spationautes dans cette caverne du bout du monde n'est pas des plus aisées. Les parois hérissées de stalactites sont humides et les recoins encore inconnus sont nombreux. À tout moment, Thomas et ses compagnons risquent la chute, l'hypothermie ou de se retrouver coincés dans un goulot d'étranglement. Il leur faut progresser avec la plus extrême prudence. Le but de cette expérience ? Préparer les apprentis astronautes à fouler le sol, voire le sous-sol de la planète rouge.

Quoi qu'il en soit, rien ne vaut une vraie balade dans les canyons martiens. Aussi singulière et ambitieuse qu'apparaisse cette expédition en Sardaigne, elle ne peut reproduire exactement les conditions physiques de notre voisine planétaire. La gravité y est trois fois plus faible, l'atmosphère irrespirable, les tempêtes de sable d'une violence extrême et les températures dignes de l'Antarctique.

Anticiper les retours catastrophiques sur Terre

Janvier 2012. Trois ans se sont désormais écoulés depuis le choix décisif de l'Agence spatiale européenne. Alors que tarde à advenir la fausse fin du monde du calendrier maya, les apprentis astronautes sont maintenant parachutés dans un paysage digne de la fin des temps : la Sibérie. De la neige à perte de vue, un paysage postapocalyptique ourlé de forêts de bouleaux et de sapins, un froid glacial et des vents à courber l'échine : contraste saisissant après le soleil brûlant de Sardaigne…

Lâchés au milieu de nulle part, les candidats au grand saut sont maintenant contraints d'abattre des arbres, d'élaguer des branches ou encore de ramasser du bois pour se confectionner un abri de fortune en forme de tente indienne – le fameux tipi – à partir d'un parachute. Pour relever ce nouveau défi, le noyau des astronautes est réduit à deux candidats : Thomas Pesquet et Samantha Cristoforetti. Âgée de trente-cinq ans, la jeune et dynamique Italienne est une ancienne pilote de chasse de l'armée de l'Air italienne. Définitivement sélectionnée pour le vol dans l'espace le 3 juillet 2012, elle embarquera le 24 novembre 2014 à bord d'un vaisseau Soyouz pour un premier séjour de six mois à bord de l'ISS : la mission Futura.

« Prévoir l'imprévisible », nous l'avons dit, est le principal souci des agences spatiales. Le théâtre de la Sibérie sauvage pour cette nouvelle épreuve de survie n'a rien de surprenant. Il ne s'agit plus de se préparer aux futures missions martiennes, mais d'anticiper les possibles retours catastrophiques des véhicules de l'espace dans une région hostile de notre planète. « Notre kit de survie contient cinq litres d'eau, de la nourriture type barres de céréales, thé, sucre, etc., de quoi pêcher, une machette pour scier les arbres, un couteau, un fumigène, un miroir à signaux, une pharmacie (avec des produits parfois bizarres, comme celui, sans doute militaire, qu'il faut s'injecter pour ne plus avoir mal aux jambes, dans l'hypothèse d'une longue marche…), une radio avec deux batteries, un téléphone satellite et un GPS », décrit Thomas dans son journal de bord[1]. De quoi survivre trois jours et deux nuits. Autrement dit, les astronautes peuvent se transformer en véritables survivants de catastrophes aériennes. Détail insolite, depuis le crash du Voskhod 2 en mars 1965 dans les forêts de Sibérie infestées de loups, les cosmonautes disposent toujours d'une arme à feu à bord de leur capsule. Non pour tirer sur d'éventuels extraterrestres, mais sur des prédateurs bien terrestres en cas d'erreur d'atterrissage dans un lieu inhospitalier.

Plongée dans les eaux du lac Fühlinger…

Le stage hivernal sibérien achevé, les candidats astronautes enchaînent une autre série d'épreuves en Allemagne. Le point de chute se situe près de Cologne, au bord du lac Fühlinger. Nouveau calvaire pour nos astronautes en herbe ? Non, bien au contraire. Pour ces hommes et ces femmes en mal de sensations fortes, chaque stage de survie est vécu comme une expérience enrichissante. Couper le cordon ombilical avec notre planète implique des épreuves, des sacrifices et des compromis. Au fil des jours et des obstacles supposés, leur enthousiasme ne diminue pas, il se renforce.

Leur nouveau théâtre d'opérations est radicalement différent : un centre de loisirs aquatique. Fini les grands espaces boisés de bouleaux et balayés par un vent

1. Journal publié par Alain Cirou, CieletEspace.fr, épisode 20, 1er mars 2016.

glacial : les « Magouilleurs » sont cette fois transférés sous des cieux plus cléments, au bord d'une vaste étendue d'eau plate et paisible où s'ébattent des promeneurs du dimanche à bord de canoés et de kayaks loués pour la circonstance. Thomas Pesquet et ses acolytes ont quant à eux troqué leurs vêtements de trappeur pour des combinaisons sous-marines dernier cri. Leur mission n'est plus d'explorer des grottes ou de survivre par leurs propres moyens dans un milieu inhospitalier, mais de s'acclimater aux futures sorties extravéhiculaires dans le cosmos en se plongeant dans un milieu fort similaire à celui du vide spatial : l'espace sous-marin.

Les futurs astronautes doivent-ils pour autant savoir nager ? Pas indispensable. Il ne leur est demandé que d'évoluer à leur aise dans l'eau, engoncés dans de lourds scaphandres[1] semblables à ceux empruntés lors des sorties dans l'espace. Ainsi plongés au fond d'un lac ou d'une piscine, ils sont censés s'habituer aux conditions d'impesanteur régnant à 400 kilomètres au-dessus de nos têtes. Dans l'eau comme dans l'espace, les gestes des explorateurs de l'extrême sont en effet lents mais précis, car la moindre erreur peut être fatale. Avant de devenir des astronautes accomplis, nos futurs explorateurs de l'espace se doivent donc d'être des aquanautes aguerris…

Sans être un surhomme, le futur *Homo spatiens*[2] est avant tout une personne qui se doit de répondre à

1. À bord de Soyouz, Thomas Pesquet utilise le scaphandre Orlan, une combinaison spatiale de 120 kilos. À bord de l'ISS, celle-ci est encore plus pesante : 130 kilos. Baptisé EMU (Extravehicular Mobility Unity), ce scaphandre de fabrication américaine est en outre alourdi d'un sac à dos.
2. Néologisme forgé par l'auteur.

toutes les éventualités, de prévoir toutes les situations et de réduire le plus possible le champ des imprévus. En cette fin d'année 2012, Thomas Pesquet n'en est pourtant qu'à la moitié de son parcours de « néophyte du cosmos ». Pendant encore trois bonnes années, de 2013 à 2016, celui qui va devenir l'ambassadeur de l'espace préféré des Français va devoir plonger au cœur des océans, traverser des plaines arides, franchir des canyons, simuler des vols spatiaux et jongler entre plusieurs continents. En somme, la première vie d'un explorateur de l'espace consiste d'abord à exceller dans des activités bassement terrestres.

5

Comment devenir un *Homo spatiens*

« Pour pouvoir aller dans l'espace,
il faut savoir rester terre à terre. »

Thomas Pesquet

6 octobre 2012. Thomas Pesquet monte sur la scène de l'Olympia. Du jamais vu pour un astronaute, encore moins pour un candidat à la conquête de l'espace. Dans sa salopette bleue, taillé comme un joueur de volley-ball, cet Apollon venu des étoiles fait figure d'acteur américain tout droit sorti des studios d'Hollywood. Le public s'apprête à découvrir une star.

D'emblée, il s'adresse à l'assistance en ces termes : « Savez-vous combien d'hommes vivent en ce moment dans l'espace ? » Son ton est volontairement détendu et courtois. « Ils sont actuellement trois, précise-t-il sans attendre de réponse. Et il existe des hommes en permanence dans l'espace depuis l'année 2001, date de la mise en service de la Station spatiale internationale, encore appelée l'ISS. » Ce chef-d'œuvre de l'Humanité, ajoute-t-il, est l'ouvrage le plus complexe que nos techniciens aient élaboré autour de la Terre : une station grande comme un terrain de football, assemblée sous forme de modules d'une quinzaine de tonnes et dont le volume habité équivaut à celui d'un Boeing 747. Au regard de l'avenir, si tant est que l'ISS ne décroche pas de son orbite, cette réalisation humaine fera figure de véritable monument de la préhistoire de l'ère spatiale.

Car l'ISS est vraiment un chef-d'œuvre technologique. Un demi-siècle plus tôt, une telle prouesse industrielle apparaissait irréalisable, une idée tout droit sortie du cerveau en ébullition des romanciers de science-fiction. Et pourtant, nos ingénieurs l'ont fait. Ils ont réalisé le rêve de Tintin, de Jules Verne et d'Arthur C. Clarke…

Plaidoyer pour la naissance d'Homo spatiens

Aussi étonnant que cela puisse paraître, cette immense structure d'une masse de plus de 400 tonnes et pourvue de panneaux solaires « flotte » à environ 400 kilomètres au-dessus de la surface de notre planète, exposée à la fois à la lumière solaire et au rayonnement cosmique. Sans sa vitesse de révolution autour de notre globe, plus de 28 000 km/h, elle tomberait comme une pierre sur notre vieille Terre. « En l'espace de douze minutes, la station a déjà franchi 6 000 kilomètres, soit la distance qui sépare Paris de New York », mentionne encore Thomas Pesquet en s'amusant du regard émerveillé des enfants disséminés dans le public.

400 kilomètres au-dessus de nos têtes : une distance à la fois colossale et ridiculement petite au regard des dimensions de notre seule galaxie. Songez-y : si le Soleil avait la taille d'une orange, la Terre ne serait qu'un noyau de cerise gravitant à environ 7,50 mètres de ladite orange, et la Lune, une minuscule bille de quelques millimètres de diamètre circulant à quelques centimètres autour de notre globe. Quant à Neptune, la planète qui borne notre système planétaire, elle camperait à environ

400 mètres de notre Soleil. Toujours à la même échelle, la plus proche étoile, Alpha du Centaure, brillerait à plus de 2 000 kilomètres de nous et la Voie lactée, autrement dit notre galaxie, excéderait 60 millions de kilomètres de diamètre. On mesure mieux ainsi l'immensité du cosmos.

En bon pédagogue, Thomas Pesquet précise aussi que l'orbite basse de nos satellites se situe à une distance un peu plus de deux fois supérieure à celle qui sépare Paris de Dieppe, sa ville natale. Mais à une telle « altitude », on a quitté le cocon terrestre et l'on baigne déjà dans le vide interplanétaire, un milieu à la fois fascinant et hostile où la moindre erreur peut être fatale. Comparées au milieu spatial, les excursions au Sahara, au fond des océans ou en Antarctique apparaissent comme des promenades de santé.

Et notre conférencier de militer pour l'avenir de l'homme dans l'espace, la naissance d'un véritable *Homo spatiens* coupé de son cordon ombilical terrestre. Anticipant les critiques contestant l'intérêt d'une telle conquête, il évoque la noria d'avantages du milieu de l'impesanteur, comme les multiples retombées dans le domaine de la physique des fluides, des sciences de la vie, de l'informatique, des télécommunications ou encore de la science des matériaux. La Station spatiale internationale fait ainsi figure de laboratoire scientifique de pointe.

Devant une assemblée de jeunes concitoyens sensibles aux progrès techniques dans le domaine de la téléphonie, il cite la fabrication de la coque du tout nouvel iPhone 5 d'Apple, sorti le 21 septembre 2012, dont le matériau aurait été entièrement conçu par les astronautes de l'ISS. On pourrait encore multiplier les exemples : conception des outils sans fil, des sièges de voiture, de l'imagerie par résonance magnétique (IRM) et des matériaux à mémoire de forme. Sans compter des inventions moins évidentes et plus singulières, tels les verres antirayures, les filtres à eau, les airbags ou encore les couches-culottes[1]…

Quelques années avant Elon Musk, Thomas Pesquet se pose en chantre du transhumanisme interplanétaire et n'hésite pas à déclarer : « Il faut croire à la science-fiction et au progrès technique dans l'exploration spatiale. » Des propos d'autant plus rassurants sur l'avenir de l'Humanité qu'en ce mois d'octobre 2012, les thuriféraires de l'Apocalypse annoncent la fin du monde pour le 21 décembre !

Devant l'enthousiasme de leur interlocuteur, les gens rassemblés au pied de la scène de l'Olympia restent muets, captivés par les propos de notre futur arpenteur du cosmos. Son apparence d'acteur d'Hollywood conquiert aussi les cœurs féminins. Loin d'apparaître comme un doux rêveur, Thomas Pesquet subjugue son auditoire par la clarté de ses déclarations, sa simplicité et son sens de l'humour.

Premier ambassadeur de la planète Mars ?

En ce jour du 6 octobre 2012, la conquête de l'espace a indéniablement marqué un point dans les consciences. Le ton du jeune prodige de la communication est naturellement posé. Ce candidat au « grand bond » de trente-quatre ans n'a pas encore décollé pour l'espace, mais il a déjà volé la vedette à tous les spationautes

1. Dans ses *Entretiens avec un astronaute* (*op. cit.*), Frank Lehot évoque aussi les pansements antihémorragiques, les appareils de détection de cancers cutanés, les textiles antiagression des forces de police ou encore les crèmes antiâge.

français qui l'ont précédé dans le cosmos. Après avoir vanté les mérites de l'ISS et ses retombées scientifiques et industrielles, Thomas Pesquet se fait désormais l'apologète du voyage habité vers Mars. En cette année 2012, la planète rouge a en effet l'honneur des plateaux de télévision. Le 6 août, une sonde interplanétaire de près d'1 tonne s'est posée dans le cratère Gale, vraisemblablement un ancien lac asséché. Argument plaidant en faveur d'un passé aquatique de Mars : la présence de sulfates et d'argiles retrouvés dans les parties les plus basses du pic central du cratère.

Répondant au nom de *Curiosity*, le rover de la Nasa est un monstre mécanique bourré d'instruments de mesure. Du spectromètre à rayons X au micro-imageur, en passant par le laboratoire d'analyse chimique ou encore le détecteur de radiations, cette nouvelle sonde martienne[1] bénéficie du dernier cri de la technologie spatiale ; elle s'est assigné pour mission non seulement de détecter une forme de vie sur Mars, mais surtout de préparer une future et mythique mission habitée : un voyage qui a fait fantasmer plusieurs générations de rêveurs, mais sans cesse différé. En 1969, en pleine euphorie lunaire, les ingénieurs de la Nasa évoquaient sans ambages l'année 1984 comme date du premier débarquement humain sur la planète rouge. Avec l'abandon prématuré du programme Apollo en 1972, la crise économique et l'adoption de la navette spatiale, le voyage vers Mars n'était plus prioritaire. Depuis

1. Depuis l'année 1976, date de l'arrivée sur le sol martien des sondes Viking, plusieurs autres sondes ont en effet été élu domicile sur la planète rouge. C'est notamment le cas du robot *Sojourner*, arrivé en juillet 1997, ou encore des sondes *Spirit* et *Opportunity*, débarquées en janvier 2004.

2012, le projet martien a toutefois fait de grands pas, Elon Musk ambitionnant de sauver l'Humanité en lui trouvant un autre point de chute…

L'ambition martienne – offrir une « planète B » à l'Humanité –, Thomas Pesquet y adhère complètement. Mars ? Un désert stérile et rocailleux balayé par des tempêtes de sable sans pareilles, un Antarctique aux couleurs de la rouille grêlé par d'invraisemblables canyons et des volcans trois fois plus hauts que l'Everest. Sous un ciel cafardeux couleur brun orangé, on ne distingue aucune chute digne de celles du Niagara, aucun torrent indompté dévalant des pentes abruptes, aucun banc de sable blanc bordant un lagon bleu ; en apparence, rien qui justifie d'y implanter un Club Med. Seulement voilà, ce petit bolide glacé circulant à près de 86 000 km/h autour de notre Soleil est le seul monde planétaire fréquentable situé à moins de 100 millions de kilomètres de notre Terre. Notre autre voisine de palier planétaire, Vénus, est un véritable enfer où la température dépasse allègrement celle du plomb en fusion et où la pression au sol équivaut à celle qui règne au fond de nos océans. Saturée de gaz carbonique et pourvue d'une atmosphère dense et épaisse, l'étoile du Berger est à la fois infréquentable, infernale et à jamais inhabitable. Le soleil ne s'y lève que tous les huit mois[1], les pluies n'y atteignent jamais le sol, des volcans crachent leurs gaz à perte de vue : telle se présente cette fausse sœur de la Terre, pourtant très proche de nous – un peu moins de 50 millions de kilomètres quand elle est au plus près.

---

1. Curiosité vénusienne, le jour y est plus long que l'année. L'étoile du Berger tourne en effet en 243 jours autour d'elle-même (une rotation anormalement lente et qui reste inexpliquée) et en 223 jours autour du Soleil.

En comparaison, Mars apparaît comme une terre idyllique où l'Humanité pourrait essaimer. Selon les dernières découvertes, la Sibérie martienne de ce XXIe siècle serait le vestige d'une très lointaine Amazonie où le débit de certains fleuves aurait fait pâlir le géant du Brésil. Pendant près de 300 millions d'années, la planète Mars a donc affiché la même physionomie que son homologue terrestre. Entre -4,1 et -3,8 millions d'années, des lacs et des fleuves au débit prodigieux coulaient à sa surface : un laps de temps suffisant pour qu'une chimie du vivant ait pu y éclore et se développer. Si le refroidissement de la planète a été progressif, peut-on, dès lors, envisager que s'y développèrent les premières étapes du processus de la vie ? Sur Terre, du fait de la tectonique des plaques, l'activité biologique des premiers temps a été complètement effacée. Une seule certitude : quand les mers ont disparu de la surface de Mars, la vie terrestre n'existait qu'au stade embryonnaire. Les micro-organismes et les êtres unicellulaires y représentaient la forme la plus évoluée de la chimie du vivant.

Une aventure humaine avant tout

Le succès final de la recherche d'une vie ailleurs que sur Terre, Thomas Pesquet y croit dur comme fer. Et plus encore à l'intérêt d'expédier des hommes sur la planète rouge dans un futur proche. « L'exploration de l'espace est avant tout une aventure humaine », insiste le candidat astronaute. Le voyage sur Mars ? Un défi technologique autant que psychologique. Devant une assistance toujours aussi captivée, notre conférencier explique qu'une telle expédition interplanétaire se déroulerait sur une tout autre échelle qu'un petit saut sur la Lune. Entre ces deux défis, pas de parallèle possible : autant comparer la traversée de la Manche sur un navire motorisé à un tour du monde à bord d'un canot à rames. Notre satellite, aussi inhospitalier soit-il, est en effet la banlieue de la Terre : pas plus de 400 000 kilomètres nous en séparent. Trois jours suffisent à rallier « l'astre de la nuit ». Tandis qu'explorer Mars, c'est partir pour une aventure de plusieurs années. Six mois seraient nécessaires pour le seul voyage aller. « On parle d'à peu près neuf cent dix jours en ce moment pour une mission aller-retour sur Mars, souligne Thomas Pesquet lors de sa conférence. Imaginez que la place du Puits-Salé à Dieppe représente la planète Mars, s'amuse-t-il[1], quelle serait la distance de l'orbite basse terrestre où campe l'ISS à cette même échelle ? Pas même 1 mètre, à seulement 20 centimètres du pas de la porte de l'Olympia. » L'image déclenche un rire d'étonnement parmi les spectateurs.

Au-delà même de l'aspect technique d'un tel voyage – plusieurs millions de kilomètres à franchir[2] –, les réactions de l'équipage sont ici essentielles. Pendant des semaines, voire des mois interminables, le noir terrible des espaces infinis sera leur seul spectacle. Quant à la Terre, ils la verront rétrécir au fil des jours sur le fond de l'espace. Au terme de quelques mois de voyage, les passagers de l'astronef martien découvriront un tout autre visage de notre planète : elle ressemblera alors à n'importe quel point lumineux éclairant la voûte céleste. Pour la première fois dans l'histoire de l'Humanité, des

1. La ville d'enfance de Thomas Pesquet est à 191 kilomètres de Paris.

2. La distance Terre-Mars varie entre 75 et 500 millions de kilomètres selon la position des deux astres au sein du Système solaire. Pour rappel, la planète rouge est plus éloignée du Soleil que la Terre.

hommes et des femmes seront littéralement déracinés de leur planète d'origine. « Ce n'est encore jamais arrivé de perdre la Terre de vue et de s'enfoncer dans le noir de l'espace. On ne sait pas encore comment peuvent réagir les astronautes devant une telle perspective », s'inquiète le conférencier. Autant dire que le choc psychologique sera réel. Dans un espace aussi exigu qu'une capsule spatiale et sur un trajet d'une telle durée, les astronautes devront démontrer un équilibre à toute épreuve. Pas question d'embarquer à bord avec des soucis de santé ou des problèmes psychologiques. Claustrophobes, schizophrènes, paranoïaques et mégalos, s'abstenir ! Qu'un drame se déroule à bord et c'est la sécurité même de l'équipage qui serait en danger...

Quand la route de l'espace suppose la maîtrise du russe

Le lendemain même de la conférence « martienne » de Thomas Pesquet, l'homme qui veut obstinément décrocher la planète rouge, Elon Musk pour ne pas le nommer, réussit le premier vol commercial de son vaisseau Dragon vers l'ISS. À l'heure dite[1], ce cargo ravitailleur capable de transporter 6 tonnes de fret s'accroche à la Station spatiale internationale. C'est le début du « New Space », autrement dit l'accaparement de la conquête de l'espace par les entreprises privées spatiales. Depuis les années 2010, les États n'ont en effet plus le monopole de l'exploration du cosmos. Les sociétés privées SpaceX et Blue Origin, respectivement fondées par Elon Musk et Jeff Bezos, sont devenues les nouvelles championnes de l'ère spatiale, damant notamment le

1. L'amarrage a lieu à 17 h 02 heure française, à la verticale du nord-ouest de l'Australie.

pion à la Nasa. En 2008, SpaceX a toutefois signé un accord de coopération technique avec la célèbre agence fédérale américaine de Cap Kennedy. Cet événement, pourtant passé inaperçu, consacre l'ascension de l'homme de Pretoria dans la constellation des entrepreneurs capables de relever le défi spatial. Depuis lors, le fondateur a multiplié les exploits[1]... et les déclarations intempestives.

De son côté, Thomas Pesquet est encore loin de l'univers muskien. À peine a-t-il quitté la scène de l'Olympia qu'il repart en avion pour la Russie. Voyage à bord du Soyouz oblige, à compter du début de l'année 2013, le natif de Rouen est immergé dans une famille de Saint-Pétersbourg, afin d'assimiler la langue de Tolstoï. Et ce n'est certes pas la tâche la plus aisée du programme ! « Le plus difficile dans la préparation de la mission a été d'apprendre le russe », confiera-t-il sur France Inter en juillet 2019.

Quoi qu'il en soit, l'apprentissage du russe est une épreuve indispensable et incontournable pour tout candidat astronaute appelé à voler sur des Soyouz. Si cette assimilation linguistique échoue, notre arpenteur du cosmos en herbe pourra tirer un trait définitif sur son grand rêve de caresser les étoiles, quel que soit son niveau technique.

1. À l'heure où ces lignes sont écrites, l'exploit le plus retentissant de la firme SpaceX reste le premier vol spatial habité du 30 mai 2020. Pour la première fois, deux astronautes, Doug Hurley et Bob Behnken, se sont envolés à bord d'une fusée privée, la Falcon 9, pour regagner l'ISS. Leur séjour à bord de la Station spatiale internationale a duré soixante-trois jours.

Objectif Soyouz

Printemps 2014. La formation de Thomas Pesquet s'accélère. Nous voici au centre d'entraînement des cosmonautes Youri Gagarine, à la Cité des étoiles, dans la grande banlieue de Moscou. Restée inchangée depuis l'aube de l'ère spatiale, cette cité coupée du monde et hors du temps abrite pas moins de cinq mille personnes. Hormis les commerces, le centre névralgique de la recherche spatiale russe dispose de tout le confort nécessaire : cantines, terrains de sport, gymnase, dortoirs et, bien sûr, les inévitables installations d'entraînement destinées aux prochains voyages spatiaux…

Après avoir appris le russe ou à tout le moins assimilé ses rudiments, l'apprenti astronaute revient aux fondamentaux de son expérience, à savoir la formation spécifiquement technique du pilotage du vaisseau Soyouz. Depuis l'arrêt du programme de la navette spatiale en 2011, la fusée fétiche de la base de Baïkonour est devenue le seul engin capable de mettre en orbite des cosmonautes et de ravitailler l'ISS. Un monopole que les Russes conserveront jusqu'en mai 2020, date du premier vol spatial habité de la société privée SpaceX.

D'une masse de 7 tonnes et d'une longueur avoisinant les 10 mètres, le vaisseau Soyouz est constitué de trois modules : un exemplaire de service regroupant l'avionique et la propulsion, un habitacle orbital à proprement parler, pourvu d'un système d'amarrage et d'une écoutille, et une capsule de descente, celle-là même où les cosmonautes s'installent au moment du lancement.

Courant avril, devant un parterre de professionnels et de vétérans de l'espace, Thomas Pesquet démontre avec brio, et dans la langue de Tolstoï, sa capacité à piloter un Soyouz en décrivant avec minutie tout le système de guidage, de propulsion, de contrôle thermique, d'alimentation électrique et de navigation du vaisseau. Une réussite et une performance ! Ce n'est pourtant que le début d'une longue série d'épreuves et de tests. « En fait, écrit Denis Granjou, Thomas doit décrocher avec succès sept examens au total en quinze jours ! Le dernier est le plus important car il se déroule en équipe. Les trois candidats qui composent l'équipage revêtent leurs combinaisons spatiales Sokol et ils entrent dans le simulateur de vol du Soyouz[1]. »

Le Français rencontre à cette occasion ses partenaires de la future mission Proxima[2], le Russe Oleg Novitski, militaire de son état, et l'Américaine Peggy Whitson. Cette légendaire astronaute de cinquante-quatre ans a déjà deux vols spatiaux à son actif. Titulaire d'un doctorat de biochimie, brillante universitaire, elle a volé sur la navette et a même commandé l'équipage de l'ISS en 2007, lors de la mission Expédition 16 qui dura cent quatre-vingt-douze jours. Depuis son retour sur Terre, elle dirige tout le corps des astronautes de la Nasa. De cette figure de légende, on ne dit pas qu'elle a volé avec Thomas Pesquet, mais plutôt : Thomas Pesquet a volé avec elle !

Le jour J de l'épreuve finale, les trois futurs astronautes de la mission Proxima sont conviés au centre de formation. Tous les membres du jury sont présents ; parmi eux, de nombreux experts en systèmes de la société Energia, la principale responsable technique des missions Soyouz. Comme il est d'usage à la Cité des étoiles, plusieurs enveloppes contenant le programme de la simulation sont dispersées sur une table. Oleg

---

1. Denis Granjou, *Thomas Pesquet, op. cit.*
2. Voir p. 75.

Novitski en saisit une avant de l'ouvrir et de découvrir tous les aspects de la mission simulée. Bien entendu, celle-ci sera émaillée d'écueils, d'imprévus et d'incidents que Thomas et ses deux coéquipiers auront à cœur de surmonter…

Encore plus près des étoiles

La route des étoiles n'est pas un long fleuve tranquille. La cabine de pilotage du Soyouz, nous l'avons dit, est la négation même de l'idée de confort. Une vraie « boîte de sardines » où il est impossible de se lever. Des heures durant, les cosmonautes y restent engoncés dans leur combinaison sans rien pouvoir faire d'autre que consulter le tableau de bord.

Ce jour-là, Thomas, Peggy et Oleg subissent une véritable épreuve d'endurance. Devant un parterre de jurés implacables, ils doivent répondre à toutes les questions et ne commettre aucune erreur de jugement. Chacun de leurs mots est écouté, chaque commande est analysée, chaque mouvement est scruté. En permanence, les membres du jury évaluent leur vitesse de réaction et leur capacité d'adaptation à un problème donné. Et pour ce faire, on multiplie les obstacles en inventant une kyrielle d'incidents et d'imprévus, du dysfonctionnement d'un radar à la défaillance d'une manette de commande, en passant par la panne brutale d'un propulseur, la dépressurisation de la capsule ou encore le déclenchement d'un incendie à bord. Chaque panne doit être clairement analysée et la réparation obéir à un protocole préétabli.

Pour répondre à l'attente des jurés, les passagers du Soyouz doivent connaître leurs dossiers sur le bout des doigts et faire preuve d'un sang-froid extraordinaire. Et les trois candidats cosmonautes ne défaillent nullement.

Bien au contraire. Sous l'impulsion de Peggy Whitson, habituée aux grands séjours dans l'espace, ils réagissent avec précision et efficacité, sans céder à la panique ou à l'approximation. Au terme de plusieurs heures confinés dans leur module, Thomas Pesquet et ses coéquipiers en sortent exténués, mais fiers du travail accompli. Ils viennent d'obtenir leur passeport pour les étoiles. Ils sont officiellement désignés « pilotes » du vaisseau Soyouz…

Nos futurs cosmonautes n'en sont pourtant pas au bout de leurs peines. Pour n'évoquer que le cas de Thomas Pesquet, deux longues années seront encore nécessaires avant d'assister à son baptême de l'espace…

Mission « hors du temps » à bord de l'Aquarius

Juillet 2014. En attendant de décoller pour de bon, Thomas Pesquet goûte au voyage spatial… en s'immergeant au fond des mers. Une expédition de neuf jours à bord de l'Aquarius Reff Base, une base sous-marine américaine ancrée à environ 25 mètres de profondeur, non loin des côtes floridiennes, à une dizaine de kilomètres au large de l'île de Key Largo. Construit en 1986 au Texas et affrété par la Nasa depuis le début du XXIe siècle, l'Aquarius[1] constitue le plus grand laboratoire sous-marin de notre planète bleue. D'une superficie de plus de 400 mètres carrés, cette base high-tech accueille chaque année des dizaines de biologistes marins, mais aussi une kyrielle d'astronautes en mal de sensations fortes qui, faute d'explorer les espaces infinis, se contentent d'arpenter le fond des océans.

1. C'est aussi le nom du module lunaire d'Apollo 13 à l'intérieur duquel les trois astronautes s'étaient réfugiés pour échapper à la mort, en avril 1970.

Une différence notoire cependant : la présence d'une importante faune aquatique. Sur Mars, *a priori*, il n'y aura pas de comité d'accueil…

En ce début d'été 2014, Thomas Pesquet débarque donc de Moscou pour surmonter une nouvelle épreuve, celle de la survie d'explorateur de l'inconnu dans un espace confiné. Appelée Neemo (pour « Nasa Extreme Environnement Mission Operations »), cette « mission spatiale » d'un genre particulier a pour but d'autopsier le comportement d'un petit groupe d'explorateurs coincés dans un milieu clos. Pour le Français et ses cinq compagnons, il s'agit de se familiariser avec un voyage de longue durée vers une destination lointaine, en l'occurrence la planète Mars. Et l'isolement doit être le plus vraisemblable possible. Pour donner à cette fausse expédition spatiale un semblant de réalisme, les concepteurs de Neemo ont même ménagé un délai d'une dizaine de minutes lors de toute communication entre les aquanautes et l'extérieur. Une fois posé sur la planète rouge, dans un futur encore indéterminé, l'équipage d'exploration devra en effet attendre un bon quart d'heure les réponses des centres spatiaux terrestres aux moindres de leurs interrogations[1].

Ce n'est certes pas la première fois que Thomas Pesquet est confronté au milieu aquatique : en témoignent sa plongée dans les eaux du lac de Fühlinger,

1. Les messages entre le vaisseau et les centres spatiaux installés sur Terre traversent l'espace à la vitesse de la lumière. Au plus près de notre planète (60 millions de kilomètres), les communications aller-retour entre Mars et la Terre sont exceptionnellement longues : au moins dix minutes. Si Mars se situe de l'autre côté du Soleil, une demi-heure sera nécessaire aux « martionautes » pour obtenir les réponses de Houston.

au printemps 2012, ou encore ses immersions répétées au fond du bassin du Neutral Buoyancy Lab (NBL), à Houston, la piscine intérieure la plus vaste et la plus profonde du monde : 62 mètres de longueur, 31 de large et 12 de profondeur.

Désigné responsable de l'informatique et de la logistique à bord de l'Aquarius, Thomas Pesquet mène tambour battant cette « première fausse mission martienne ». À plusieurs reprises, il sort même de la station pour mieux s'immerger dans son univers aquatique. Engoncé dans son lourd scaphandre, il arpente lentement les fonds sous-marins comme s'il s'agissait du sol martien. Avec une nuance de taille : sur la surface de la planète rouge, la gravité sera trois fois plus faible. Équipé d'une simple boussole et d'une carte, le futur cosmonaute de la mission Proxima lève la tête. Au-dessus de lui, pas de voûte céleste ou de ciel orangé, mais un banc de poissons multicolores qui ne fait aucun cas de sa présence. « Je ne suis pas seul sur cette planète », s'amuse Thomas *in petto*.

Toujours plus de simulations

L'expérience sous-marine de Key Largo touche à peine à sa fin que notre spationaute national songe déjà à la suite. Une autre série d'épreuves l'attend en effet sur le sol russe : pas moins de vingt-six séances sur le simulateur Soyouz de la Cité des étoiles. Un véritable marathon.

Thomas Pesquet a beau avoir brillamment réussi les épreuves en équipe au mois de janvier précédent, il n'en est pas moins de nouveau soumis à une série de tests pour mesurer sa réactivité face à l'imprévu. Encore des pannes improvisées ! Dix-huit au total. Quand il ne s'agit pas d'un problème de dépressurisation, c'est un appareil-radio qui devient subitement défectueux, ou encore la défaillance d'un moteur obligeant le pilote à effectuer un atterrissage d'urgence. Une simulation pas vraiment irréaliste : quatre ans plus tard, le 11 octobre 2018, le cosmonaute Alexei Ovtchinine et l'astronaute Nick Hague devront se poser en urgence dans une plaine du Kazakhstan après avoir constaté une panne de moteur, après la séparation du premier étage de leur vaisseau. Les deux hommes de l'espace seront alors soumis à une accélération de 6 G, soit l'équivalent de six fois leur poids.

Thomas s'en sort encore une fois brillamment. Déjeunant peu après avec Peggy Whitson, le Français vérifie que ces histoires de pannes ne sont pas anodines. L'illustre Américaine en a même fait les frais à l'issue de son premier séjour dans l'espace, en décembre 2002. « Un boulon pyrotechnique ne s'est pas détaché en rentrant dans l'atmosphère et le Soyouz s'est posé à 400 kilomètres de l'endroit prévu, mettant au passage le feu à la steppe, tant la chaleur du métal était intense. En se posant, la capsule s'est enterrée sur 30 centimètres de profondeur, ce qui illustre la violence du choc. Pourtant, l'équipage a réussi à s'extraire sans trop de difficultés avant l'arrivée des secours[1]. »

Un vaisseau Soyouz qui s'échoue à plus de 400 kilomètres du lieu théorique ? Décidément, cet écart est récurrent dans les chroniques spatiales de l'astronautique russe[2]…

---

1. Denis Granjou, *Thomas Pesquet*, *op. cit.*
2. Voir p. 42 l'épisode de l'échouage de Voskhod 2, en mars 1965, en pleine forêt sibérienne.

Retour chez l'Oncle Sam

En septembre 2014, Thomas Pesquet reprend l'avion pour le Texas, destination Houston. Maîtrisant désormais tous les systèmes du vaisseau Soyouz, il entend assimiler tous les secrets de la Station spatiale internationale. Le Français témoigne ainsi, à lui seul, de la coopération étroite entre les États-Unis et la Russie.

Que de changements depuis les temps épiques de l'épopée d'Apollo ! Entre Washington et Moscou, l'heure n'est plus à la compétition idéologique et technologique. Révolue semble désormais la course effrénée vers la Lune. La fin de la Guerre froide, en 1991, a scellé la réconciliation entre les deux anciennes superpuissances. Et pourtant, en cette année 2014, la grande Histoire semble faire marche arrière. À l'occasion de la crise ukrainienne, le Kremlin annexe sans coup férir la Crimée, sans subir de représailles d'envergure. Un événement inédit sur le théâtre européen.

Malgré cet épisode, les cosmonautes russes continuent de s'entraîner au centre de Houston et les astronautes américains d'arpenter les allées de la Cité des étoiles. Thomas Pesquet, le premier, n'est en rien perturbé par les événements internationaux. En cette fin d'été 2014, une seule chose compte à ses yeux : son futur baptême de l'espace. À Houston, il se familiarise en particulier avec le bras robotique Canadarm2. De fabrication canadienne, ce titan technologique de près de 2 tonnes et long de plus de 17 mètres permet de déplacer des objets de plus d'une centaine de tonnes. Non seulement le Canadarm2 facilite l'amarrage de la navette à l'ISS, mais il est d'un grand secours lors des excursions des astronautes dans le vide spatial.

La formation de notre spationaute ne se limite pas à la seule manipulation du bras robotique. Une fois encore, Thomas Pesquet subit une kyrielle de tests et fait preuve d'une incroyable capacité d'apprentissage. Anticiper les pannes, tel est le credo de sa préparation. Des réparations des fuites de gaz à l'attitude à adopter face à l'explosion éventuelle d'un réservoir d'oxygène, rien ne doit échapper à sa sagacité. Il lui faut répondre à tous les imprévus.

Au terme de quelques semaines de stage à Houston, le voici fin prêt pour le grand saut. Du pilotage du Soyouz à la vie à bord de la Station spatiale internationale, sa formation est maintenant complète. Il est temps de passer à l'étape suivante : l'équipement du futur astronaute. Des chaussures à la combinaison en passant par les T-shirts appropriés et même les affaires de toilettes, tout est choisi avec minutie. Le poids des bagages des futurs occupants de l'ISS est également limité : pas plus de 25 kilos. Et, comme pour les passagers lambda d'un vol long-courrier, les couteaux, les ciseaux ou encore les aiguilles sont interdits.

Plongé dans un bain de plâtre !

De retour en Russie au mois de décembre 2014, Thomas Pesquet n'en a pas encore fini avec les essayages. Avant de repartir à Moscou, il est repassé par la France et s'est retrouvé aux commandes d'un Airbus, à défaut de piloter d'ores et déjà un Soyouz. À bord d'un vol Paris-Venise, le voyage a même été filmé et les passagers impressionnés par l'identité du commandant de bord, certains se demandant même avec ironie si leur pilote n'allait pas détourner l'Airbus vers la Lune !

Une fois n'est pas coutume, son point de chute n'est pas la Cité des étoiles mais la ville de Lobnya, en banlieue de Moscou, tout près de l'aéroport international de Cheremetievo. Notre futur arpenteur du cosmos est maintenant plongé dans un bain de plâtre. La raison n'est en rien d'ordre médical : il s'agit tout simplement d'obtenir un moulage de son corps pour lui fabriquer un scaphandre et un siège spatial à sa mesure. Le corps musclé et vigoureux du Français est ainsi passé au peigne fin : ses épaules, son fessier, son dos, sans oublier ses bras. Près de deux cents mesures sont ainsi réalisées sur ses seules mains pour fabriquer ses gants !

Baptisé Sokol – « faucon » en russe –, le scaphandre de chaque astronaute est unique. Autrement dit, il n'est absolument pas interchangeable. Fait sur mesure, il est fabriqué d'un seul tenant. Toute la partie avant peut être ouverte à l'aide d'une fermeture Éclair. D'un poids relativement léger, environ 10 kilos, il ne faut pas moins de dix bonnes minutes pour l'enfiler. On commence par y glisser les pieds, puis les bras. Le moment le plus délicat est celui où le cosmonaute passe sa tête à travers l'anneau du cou. Et n'allez pas croire que ces combinaisons de vol sont plus encombrantes qu'indispensables : que les passagers du Soyouz omettent de les revêtir et c'est la mort assurée au bout de quelques minutes. Ne pouvant lutter contre la dépressurisation, ils s'asphyxieraient par manque d'air respirable et souffriraient rapidement d'ébullisme : leur sang se mettrait à bouillir et le voyage tournerait court. C'est ainsi qu'en 1971, des cosmonautes qui avaient embarqué en simple chemise dans le Soyouz sont morts au bout de quelques minutes à bord de leur capsule.

Pour concevoir le Sokol, les scientifiques russes prennent aussi en compte un facteur étonnant : l'étirement du corps dans l'espace. Lors des longs séjours en orbite basse, les astronautes grandissent en effet de plusieurs centimètres, un phénomène dû à l'absence de gravité[1]. Pis encore, une fois revenus sur Terre et sortis de leur habitacle, les astronautes ne peuvent se redresser. Engoncés dans leurs fauteuils, ils sont tous frappés par le syndrome des « jambes de poulet ». Incapables de se mettre debout du fait de leur perte de masse musculaire, ils retiennent le pantalon de leur combinaison, persuadés de le perdre. Ils ont ainsi la curieuse sensation de peser très lourd. La réadaptation à la pesanteur est une question de jours. Harassés, fatigués et soulagés d'être revenus sur la terre ferme, les rescapés n'aspirent pourtant qu'à une chose : retourner dans l'espace et repousser plus loin encore les limites du possible.

Aussi performant soit-il, le scaphandre Sokol n'autorise toutefois pas les excursions extravéhiculaires dans l'espace. Il s'agit uniquement de combinaisons spatiales d'intérieur. Pour sortir dans le grand vide, les astronautes utilisent un scaphandre autrement plus sophistiqué et bien plus lourd : l'EMU (Extravehicular Mobility Unit). Conçu par la Nasa, ce scaphandre de plus de 120 kilos est constitué de pas moins de douze couches de Mykar aluminisé, de Gortex, de Normex et de Kevlar. Elles sont censées protéger les astronautes contre les micrométéorites et la très grande amplitude de température, qui peut varier de -130 à +150 °C…

L'espace, un havre de paix et de silence ?

Le bain de plâtre ne referme pas la page vestimentaire. Mesuré sous tous les angles à Lobnya, Thomas Pesquet se retrouve quelques jours plus tard une fois encore au centre de Houston, sous l'œil des techniciens américains. Après les mains et les pieds, ce sont cette

1. Voir p. 39.

fois les oreilles du Français qui retiennent l'attention des scientifiques. Non qu'il ait des problèmes auditifs, mais on tient à le protéger du vacarme infernal qui secoue en permanence l'ISS. Comme l'indique Denis Granjou[1], le bruit des ventilateurs et autres machines qui sévissent à bord de la station est comparable à celui d'un sèche-linge[2]. Aussi Thomas Pesquet se voit-il mouler les oreilles pour y loger des protections auditives.

L'étoffe du héros s'épaissit…

---

1. *Thomas Pesquet, op. cit.*
2. « Le silence éternel de ces espaces infinis m'effraie », écrivait en son temps Blaise Pascal ; une vision du cosmos bien éloignée de la réalité car notre galaxie elle-même n'est pas un havre de paix. Elle renferme des étoiles qui, loin d'être immuables, sont de véritables bombes atomiques vouées à disparaître après une gigantesque explosion, filant à près d'1 million de km/h autour du noyau central de notre Voie lactée.

6

En attendant Proxima

« Il est facile de dormir en flottant, c'est très confortable. Mais il faut faire attention à ne pas se jeter sur quelqu'un ou quelque chose ! »

James Irwin[1], astronaute (1930-1991)

29 janvier 2015. Thomas Pesquet foule le sol de sa terre natale à Rouen, à l'occasion de la tenue des Forums du savoir de la région Haute-Normandie. Thème du jour : « L'exploration spatiale, une aventure humaine. » Invité à l'Hôtel de la région pour évoquer son expérience spatiale, le héros du jour est accueilli comme une rockstar internationale. Un bol d'air *made in space* bienvenu pour les Français, dans l'atmosphère anxiogène qui prévaut depuis plusieurs semaines, du fait des attentats terroristes perpétrés contre l'équipe de *Charlie Hebdo* et le magasin Hyper Cacher.

Comme à l'Olympia deux ans et demi plus tôt, la popularité de Thomas est manifeste. Un phénomène d'autant plus étonnant qu'il n'a pas encore décollé pour l'espace ; mieux encore, sa future mise en orbite ne constituera pas *a priori* un événement pour la

1. Le huitième homme à avoir marché sur la Lune en 1971 (mission Apollo 15).

France, sachant que neuf de nos compatriotes ont déjà emprunté la route des étoiles. Le premier d'entre eux était Jean-Loup Chrétien, dont le vol inaugural eut lieu le 25 juin 1982, à bord du vaisseau Soyouz T-6. Thomas Pesquet n'était encore qu'un gosse de quatre ans.

Dans l'espace, on réapprend à manger, à boire et à dormir…

Peu après 14 heures, devant une assemblée d'élus et de fans de l'espace, Thomas Pesquet prend la parole. Debout face à ses interlocuteurs, vêtu de son iconique combinaison spatiale bleue, il paraît détendu. Ses mots sont simples mais précis : pas question de déroger à la sacro-sainte rigueur scientifique. Derrière le conférencier, sur un écran, défilent des photos de son expérience récente d'apprenti astronaute.

Après avoir passé en revue ses différents stages de survie dans les grottes sardes, sur des radeaux de fortune, au fond des lacs allemands ou au cœur de la steppe russe, tout en expliquant l'utilité de telles équipées, Thomas Pesquet raconte la vie à bord de l'ISS : des journées bien chargées, composées d'entraînements physiques, d'expériences en recherche fondamentale et de séances photo de notre planète. Ces précisions ne découlent pas de son expérience personnelle car, en ce mois de janvier 2015, notre « vedette de l'espace » n'a pas encore séjourné à bord de la Station spatiale internationale.

L'exploration spatiale, souligne-t-il, est la simple continuation de l'exploration terrestre ; et les commandants de l'ISS sont en quelque sorte les Magellan ou les James Cook de l'ère moderne. Et d'insister sur le caractère très singulier de la vie dans l'espace. À seulement 400 kilomètres au-dessus de notre tête, le monde n'est déjà plus celui que l'on connaît. À la clarté de seize levers de soleil par jour, notre quotidien en est en effet profondément chamboulé. Dans le milieu de la microgravité, nos gestes les plus simples deviennent compliqués. Dans un espace où il n'y a plus de haut ni de bas, il faut réapprendre à boire, à manger et à dormir pour devenir de bons *Homo spatiens*. Là-haut, tous les détails de la vie quotidienne comptent triple. Se raser, se brosser les dents ou encore aller aux toilettes, rien n'est évident. À seul titre d'exemple, impossible de boire de l'eau dans un verre : il faut l'aspirer d'un sachet au moyen d'une paille. Et, la plupart du temps, cette eau n'est autre que de l'urine d'astronaute recyclée !

Paradoxalement, tout en décrivant les conditions difficiles, voire dantesques de la vie dans l'espace, Thomas Pesquet se fait l'apologiste de l'expansion de l'Humanité dans le cosmos. À l'entendre, nous n'en sommes qu'à la préhistoire de la conquête spatiale. De grands siècles d'exploration nous attendent, un avenir à la mesure de l'immensité de notre seule galaxie (nos sondes automatiques les plus lointaines ont à peine quitté la banlieue du Système solaire !).

Jusqu'à présent, seuls des astronautes chevronnés, en bonne santé et pétris de technologie, ont pu découvrir la Terre dans toute sa majesté céleste – une poignée d'hommes et de femmes triés sur le volet depuis l'année 1961, date du premier vol de Youri Gagarine. D'après le dernier décompte, les astronautes, cosmonautes et autres taïkonautes – les cosmonautes chinois[1] – ne seraient pas plus de six cents à s'être lancés à l'assaut des étoiles. Au milieu d'eux, quelques touristes fortunés, une bonne trentaine, ont fait un saut de quelques

1. Yang Liwei, le premier taïkonaute, s'est envolé à bord d'une fusée chinoise Longue Marche en octobre 2003.

minutes ou quelques heures à bord des fusées de Jeff Bezos, Richard Branson et Elon Musk. Mais on est encore loin d'une démocratisation de masse du voyage spatial. En janvier 2015, le tourisme spatial est encore un vœu pieux et les vaisseaux du New Space n'ont pas encore décollé. Le premier vol touristique officiel aura lieu le 11 juillet 2021 à l'initiative du milliardaire britannique Richard Branson, patron de la société Virgin Galactic, lui-même faisant partie de l'équipage d'envol.

Le jour où les hommes s'envoleront à bord d'astronefs pour de nouveaux mondes, comme ils prennent aujourd'hui l'avion pour franchir les océans, n'adviendra sans doute pas avant la fin du XXIe siècle. Mais qu'importe, il faut œuvrer pour le long terme. À cet avenir lointain de l'Humanité dans un cosmos non moins lointain, Thomas Pesquet croit de toute son âme. En attendant que tout un chacun joue au golf sur la Lune ou fasse du ski sur la planète Mars, notre spationaute entend faire partager son enthousiasme et son expérience au plus grand nombre.

Non à la téléréalité dans l'espace !

Après un long discours de trois quarts d'heure, mélangeant allégrement la technologie, la poésie et l'humour, Thomas Pesquet entame un dialogue avec l'assistance, assemblée sur deux niveaux. Les questions portent rapidement sur le voyage vers Mars. Quand peut-on le prévoir au plus tôt ? s'impatiente un jeune homme. Pas avant 2035, répond du tac au tac notre spationaute. Une date lointaine qui déçoit quelque peu le public.

Un autre interlocuteur l'interroge sur le projet « Mars One », qui a le vent en poupe depuis trois ans. Conçu en 2012 par l'ingénieur néerlandais Bas Lansdorp, il prévoit d'expédier vingt-quatre membres d'équipage, autant d'hommes que de femmes, vers la planète rouge à l'horizon 2018. Un projet entièrement privé qui serait financé par la diffusion en direct de tous les faits et gestes des futurs martionautes. En somme, cette mission spatiale sans retour serait une sorte d'émission de téléréalité *made in space*. D'emblée, Thomas Pesquet ne cache pas son scepticisme, sinon son désaccord avec ce type de projet. Sans vouloir entrer dans des querelles de clocher, précise-t-il, l'espace n'est pas un terrain de jeu fait pour des amateurs en mal de sensations fortes. Le périple interplanétaire est un défi trop complexe pour y exporter nos fantasmes. En bref, l'idée néerlandaise n'est que poudre aux yeux, une mission suicide qui ne dit pas son nom. Et Thomas Pesquet de s'indigner que l'on prête la moindre attention au projet « Mars One » : « Franchement, souligne-t-il posément, si ce voyage se réalise en 2018, alors je change de métier ; je suis vraiment convaincu que ça ne marchera pas. »

L'avenir lui donnera raison : quatre ans après cette conférence mémorable, l'idée de Bas Lansdorp a fait long feu. En janvier 2019, son projet fait faillite. Les astronautes sélectionnés n'ont même pas décollé du sol. Ainsi tourne la roue du temps spatial…

Objectif zéro risque sanitaire

La conférence de Rouen achevée, Thomas Pesquet rechausse ses bottes de sept lieues pour rejoindre une fois encore le sol texan et goûter au « plaisir » d'être plongé au fond d'une piscine pendant plus de huit heures. Puis il retraverse l'océan pour s'initier cette fois à la médecine de base dans un hôpital de Cologne et sur de vrais patients. Le plus court chemin entre Rouen et

Cologne passerait-il par Houston ? Autant dire que les organisateurs des stages de survie n'ont pas vraiment le sens du raccourci.

Instruit du bon usage du scalpel et du stéthoscope, Thomas Pesquet est aussi informé des risques sanitaires à bord de l'ISS faute de certaines précautions. Manger dans l'espace n'est pas du gâteau, si l'on nous passe l'expression ! De nombreux aliments sont ainsi proscrits, à l'exemple des champignons, du poivre, du sel – sauf à l'état liquide – et même du pain. Non que le pain en lui-même soit nocif, mais ses miettes, suspendues dans l'apesanteur, peuvent être avalées par mégarde par les astronautes, pénétrer dans leurs yeux, voire endommager les appareils électriques de la station. En guise de pain, Thomas se contentera de tortillas mexicaines. « L'avantage de ces galettes à base de farine de maïs, commente Denis Granjou, c'est qu'elles restent redoutablement solides, même si on leur joint en garniture des oignons, de la sauce tomate ou un morceau de bœuf réhydraté[1]. » Quant aux champignons, ils regorgent de micro-organismes susceptibles de mettre en danger la santé des astronautes.

N'allons pas croire pour autant que les repas en apesanteur soient synonymes de frugalité. Bien au contraire. À l'intérieur de l'ISS, on sert ainsi des plats lyophilisés, mais chauds et appétissants une fois préparés au micro-ondes ou au four. La station est en outre munie d'un système d'eau pour réhydrater les plats et remplir les sachets. Avant d'embarquer, Thomas Pesquet aura même le privilège de choisir son menu auprès des étoiles de la cuisine française. L'astronomie n'est jamais très loin de la gastronomie…

1. Denis Granjou, *Thomas Pesquet*, *op. cit.*

Des mets de luxe conçus… par des étoiles

Atrophie musculaire, perte osseuse, chute des globules rouges, hernies discales dues à l'allongement de la colonne vertébrale : les astronautes ont vraiment besoin de se reconstituer après une telle avalanche de tracas médicaux. Et on ne se moque pas d'eux. Pour confectionner des recettes hors pair conservées dans des sacs en aluminium, on fait appel à deux des plus grands cuisiniers français, Alain Ducasse et Thierry Marx. Leur souci premier est de réaliser de la « *confort food* », autrement dit de vrais mets de choix en conserve à réchauffer[1]. On demande alors à notre spationaute normand quels sont ses goûts et ses plats préférés. « Des carottes, de la *caponata*, du saumon, des magrets de canard, de la volaille, du homard, des joues de bœuf, des légumes, des œufs bio, un dessert au citron, un *cheese-cake* et des pommes », confie le cuisinier Alain Ducasse sur les ondes de France Inter, le 18 novembre 2016, lendemain du départ de Thomas pour l'espace. Et de préciser que ce dernier a choisi dix-sept plats cuisinés, dont « deux fois du saumon ».

De son côté, le chef étoilé Thierry Marx n'est pas en reste. À la faveur des fêtes de fin d'année, il élabore des mets de gala pour notre champion de l'apesanteur : pressé de pommes de terre, bœuf de Bazas ou encore amandine aux poires caramélisées. La mise en boîte et l'appertisation sont indispensables. En d'autres termes,

1. Pour conserver les plats dans l'espace, on fait appel à l'entreprise bretonne de Pouldreuzic, fondée par Loïc Hénaff. Son savoir-faire en matière d'appertisation est indiscutable. Depuis l'année 2013, la conserverie basée dans le Finistère est le fournisseur officiel de la Nasa. En octobre 2019, Thomas Pesquet se rendra en personne dans les locaux de l'usine pour féliciter les employés.

les bactéries sont interdites de voyage ! Tous ces plats sont donc portés à très haute température, au moins 120 °C, pour être stérilisés. Il en va de la sécurité des passagers.

Zéro miette, zéro bactérie… et zéro alcool

Autre défi pour nos étoiles de la cuisine : concocter une sauce au vin… sans vin. L'alcool est en effet proscrit en apesanteur. Pour relever ce défi, Thierry Marx s'appuie sur l'expertise de Raphaël Haumont, directeur de la chaire « Cuisine du futur » à l'université de Paris-Saclay. Pour exécuter une sauce aux champignons sans alcool, ce physico-chimiste français s'évertue à extraire l'éthanol de la sauce au moyen d'un évaporateur rotatif ; ou, mieux encore, en utilisant un instrument de résonance magnétique nucléaire. Quoi de mieux qu'une cuisine avant-gardiste pour dîner sous la voûte céleste ? Sans entrer dans des détails techniques inutiles et fastidieux, le résultat obtenu par Raphaël Haumont se révèle délicieux, aux dires de Thomas Pesquet.

Dernier détail crucial pour nos restaurateurs de l'espace : les saveurs des aliments ne sont plus les mêmes en apesanteur. La Station spatiale internationale est vraiment le lieu de tous les chamboulements. Sans compter la perte de leurs muscles, la décalcification de leurs os et l'allongement de leur colonne vertébrale, nos arpenteurs de l'espace n'ont plus le sens de l'équilibre et surtout le sens du goût. Interrogé, l'instructeur et contrôleur de vol à la Nasa Robert Frost confie : « Dans le milieu de la microgravité, les fluides montent à la tête si bien que de nombreux astronautes se sentent congestionnés, d'une façon similaire à ce que l'on ressent lorsqu'on a un rhume sur Terre. Et, comme pour un rhume sur Terre, la congestion affecte le sens olfactif. Or nous utilisons notre sens du goût et de l'odorat ensemble pour avoir la pleine expérience de ce que nous identifions comme le goût. Ainsi, les astronautes peuvent manquer une partie de cette expérience. La nourriture peut sembler un peu fade lorsque l'arôme est absent[1]… » En d'autres termes, manger dans l'espace, c'est un peu déguster des plats cuisinés avec le nez bouché. Pour donner plus de goût à leur nourriture, les passagers de l'ISS exigent souvent des sauces très épicées…

Plus près de Proxima

Novembre 2015. Seule une petite année sépare à présent Thomas Pesquet de son baptême de l'espace. Il est temps pour lui de choisir un nom d'étoile ou de constellation pour immortaliser sa mission, une tradition au sein de l'Agence spatiale européenne. En leur temps, les astronautes Michel Tognini et Claudie Haigneré avaient choisi respectivement la géante rouge Antarès et la constellation Cassiopée.

Un grand concours a été lancé depuis le mois d'avril. Pas moins de mille trois cents propositions ont ainsi été faites. Parmi elles, une a retenu l'attention de Thomas : Proxima. Suggéré par un Toulousain âgé de treize ans, un certain Samuel Planas, ce nom évoque l'étoile la plus proche du Soleil, la naine rouge Proxima du Centaure. Interviewé par les journalistes, le jeune Samuel justifie son choix par sa passion de l'astronomie et de la conquête spatiale.

Proxima ? Un nom à double sens. Samuel a bien sûr pensé à la relative proximité de cette minuscule étoile,

1. Cité par Corentin Vilsalmon, « Voici tout ce qu'endure le corps des astronautes lorsqu'ils sont dans l'espace », DailyGeekShow.com, 14 juillet 2019.

située à environ quatre années lumière[1], mais il ajoute aussi une idée plus pragmatique. Proxima rimant avec « proximité », ce mot sous-tend « l'idée que les vols habités ont des retombées directes pour les gens sur Terre », selon ses propres termes.

Le 12 novembre, Thomas Pesquet communique au public le nom et le logo de sa future mission lors d'une conférence au ministère de l'Éducation nationale, de l'Enseignement supérieur et de la Recherche. La référence stellaire de Proxima est « une métaphore de l'exploration spatiale, précise-t-il ; un jour, nous atteindrons peut-être cette étoile… ».

L'écusson de forme circulaire de la future mission frappe par son esthétisme et son symbolisme. Sur un fond bleu strié de traînées lumineuses apparaît ainsi le nom de Proxima. Le « X » du nom de l'étoile figure exactement au milieu de l'écusson. Une lettre chargée de symboles. Non seulement elle traduit l'inconnu et le mystère qui entoure l'espace, mais elle renvoie aussi au 10 romain. Dix, comme le dixième spationaute français qui va décoller pour l'espace…

La doublure d'Andreas Mogensen

L'écusson Proxima renferme aussi d'autres images figurant le présent et le futur de l'exploration spatiale.

---

1. Soit 40 000 milliards de kilomètres, une distance à la fois courte et colossale. À l'échelle de la galaxie, Proxima du Centaure est vraiment la voisine du Soleil, mais à la nôtre, cette étoile est hors de portée. Nos sondes les plus lointaines n'ont franchi qu'une vingtaine d'heures-lumière et à peine franchi les limites du Système solaire. À la vitesse de nos fusées les plus rapides, il nous faudrait environ cinquante mille ans pour dépasser l'orbite de Proxima du Centaure.

Au-dessus du « X » ont ainsi été tracées trois lignes verticales ; bleue, blanche et rouge, elles représentent à la fois la forme de l'ISS et les trois astres que sont la Terre, la Lune et Mars. Notre satellite et la planète la plus proche de la Terre (hormis Vénus) sont en effet les principales cibles des prochaines missions spatiales dans les vingt prochaines années. À court terme, il est probable que nous retournions sur le sol sélène, ne serait-ce que pour fermer le clapet des complotistes. Quant à Mars, c'est la destination de rêve de toutes les agences spatiales depuis près d'un demi-siècle.

Certes, la fusée qui transportera Thomas Pesquet n'aura ni la planète rouge ni même notre satellite criblé de cratères pour objectif, mais elle s'accrochera à l'ISS pour une mission d'environ sept mois. Il pourrait même quitter la Terre avant l'échéance du 17 novembre 2016, si l'un des astronautes en partance pour l'ISS se révélait incapable de voler le jour J du lancement. Deux mois plus tôt, le 2 septembre 2015, Thomas Pesquet a ainsi été désigné comme la doublure officielle de l'ingénieur danois Andreas Mogensen. D'ores et déjà, aux yeux des experts russes, notre spationaute a toutes les qualités requises pour partir à l'assaut de l'infini.

Malheureusement, et heureusement pour l'astronaute scandinave, le vaisseau Soyouz TMA-18M a décollé ce jour-là sans encombre du cosmodrome de Baïkonour pour une petite mission de dix jours à bord de la Station spatiale internationale. C'est le cinq centième lancement de la fusée russe, dont cent vingt-cinq vols habités, performance inégalée par un vaisseau spatial.

Seul sur Terre...

Janvier 2016. Dernière ligne droite avant le vol du jeudi 17 novembre. Dans cette perspective, la formation de Thomas Pesquet s'accélère. À commencer par un entraînement intensif en vue des sorties extravéhiculaires dans l'espace. Le voilà de retour au Texas, dans le centre spatial de Houston. Équipé du lourd scaphandre EMU de 120 kilos, composé de douze couches pour résister aux micrométéorites comme à la très grande différence d'amplitude thermique qui sévit dans l'espace, le spationaute se retrouve dans une chambre à vide et non plus au fond d'une piscine. Il ne s'agit plus d'expérimenter une simple simulation, mais de se confronter au réel.

Dans cette enceinte fermée, complètement isolée de l'extérieur et entièrement constituée de métal, les scientifiques américains reproduisent le milieu spatial en éliminant l'air et le gaz au moyen d'une pompe à vide. Le Français a vraiment l'impression d'être seul au monde, dans l'espace. Suspendu dans son scaphandre, il expérimente un phénomène décrit jadis par Galilée, celui de la « chute des corps » dans le vide. En l'absence d'air, il réalise ainsi que la bille de plomb ne tombe pas plus rapidement vers le sol qu'une simple plume. Étonnamment, les deux objets, pourtant de masse différente, chutent à la même vitesse... Le principe d'équivalence de la chute des corps avait déjà été expérimenté dans les conditions réelles sur le sol lunaire, en juillet 1971, dans le cadre de la mission Apollo 15. Lâchant une plume et un marteau, l'astronaute David Scott avait constaté que la gravité agissait pareillement sur les deux objets.

Un « Soleil blanc » avant de monter vers les étoiles

Juin 2016. Alors que les Britanniques votent pour le grand large en choisissant de quitter l'Union européenne, Thomas lorgne de plus en plus vers étoiles. À Moscou, une dernière série de tests réussis dans une réplique de la Station spatiale officialise son décollage de Baïkonour au mois de novembre, en compagnie de ses deux inséparables acolytes, Oleg Novitski et bien sûr Peggy Whitson. Depuis maintenant deux ans et leur première réussite aux épreuves, les trois cosmonautes ont décroché leur ticket pour l'espace. Dans son autobiographie, Thomas assure que ses partenaires sont aussi « valeureux et endurants que faciles à vivre[1] ».

Leur passeport pour le cosmos en poche, les trois cosmonautes de la mission Proxima doivent se soumettre aux traditions de l'astronautique russe. Des rites de passage aussi étranges que fastidieux pour tout héritier de Youri Gagarine. Depuis plus de soixante ans, et malgré l'implosion de l'Union soviétique en décembre 1991, ce rituel est resté inchangé. Outre le dépôt d'œillets sur les pierres tombales de Gagarine et de Korolev au Kremlin, ou la visite du musée de Baïkonour affublé d'une tenue kazakhe, le moment le plus singulier du rituel est sans nul doute le visionnage du film *Le Soleil blanc du désert*. Un long-métrage de science-fiction ? Pas le moins du monde. Dans ce film sorti en 1970 sur les écrans russes, aucune allusion n'est faite aux fusées, aux planètes ou même aux héros de l'espace. L'action se déroule il y a plus d'un siècle, en pleine guerre civile, au cœur de l'Asie centrale. Il s'agit ni plus ni moins d'une œuvre de propagande soviétique mélangeant à la fois héroïsme,

1. Thomas Pesquet, *Ma vie sans gravité*, *op. cit.*

romantisme et révolution. Visionné par plus de trente-quatre millions de spectateurs à sa sortie, le film raconte l'histoire d'un jeune soldat de l'Armée rouge, un certain Soukhov, qui sauve les femmes d'un harem en les arrachant des mains d'Abdoullah, un implacable chef rebelle *basmatchi* des rives orientales de la mer Caspienne.

A priori, la relation de ce film d'outre-temps avec nos héros de l'espace n'est pas évidente, mais son visionnage répond à une tradition bien ancrée dans la vie de la base de Baïkonour. Glorifiant le courage, le bon sens populaire et le patriotisme, trois vertus que partageraient les cosmonautes russes, ce film culte serait à la fois incontournable et indémodable. Ne pas le visionner avant le grand départ pour l'espace pourrait compromettre le bon déroulement de la mission…

« Un autre monde »

1er novembre 2016. Deux longues semaines séparent encore Thomas Pesquet du jour J. Désormais en quarantaine, les trois cosmonautes de la future mission Proxima sont cloîtrés dans leur centre spatial de Baïkonour. « Pendant la quarantaine, nous ne quittons que deux fois le centre où nous vivons pour aller tester l'intérieur de notre Soyouz en combinaison de vol, écrit le Français dans son journal de bord. Nous l'avons fait le 2 novembre. Nous y retournerons le 11, cette fois lorsque le vaisseau sera sous la coiffe de la fusée. Lors de ces sorties, tous les gens que nous côtoyons doivent porter des masques, et nous n'avons pas le droit de serrer la main à quiconque. Le but de la quarantaine est évidemment d'éviter de tomber malade ! Je le vois aussi comme un sas entre notre vie sur Terre et la vie dans l'espace[1]… »

---

1. CieletEspace.fr, épisode 27, 10 novembre 2016.

La base, implantée au Kazakhstan depuis 1956 et louée par les Russes à Almaty[1] après la chute de l'Union soviétique, fait figure de véritable « sas » pour les étoiles. « On passe dans un autre monde. Il y a l'entraînement physique, cognitif, et la couche d'après : être celui qui va voler », confie Claudie Haigneré, ancienne astronaute et ex-ministre de la Recherche du gouvernement Raffarin. Et d'ajouter : « Les quinze derniers jours passés à Baïkonour servent à prendre conscience. Ils servent à passer de l'étape "je me suis préparé" à "je démarre ma mission"[2]. »

Au cœur de cette base mythique qui a vu les premiers pionniers décoller pour l'inconnu, le futur est ancré dans le passé et la superstition flirte avec les bijoux de la technologie spatiale, comme en témoigne la plantation d'un arbre dans l'allée des héros. Une fois encore, Thomas Pesquet ne déroge pas à la règle.

En attendant le fameux décollage, le Français tue le temps en choisissant les morceaux de musique qui égaieront son épopée. En plus de ses plats préférés, il pourra en effet emporter un éventail de chansons et de musiques de son choix. De Mai Lan à Véronique Sanson, en passant par le groupe M83, Wax Tailor et Lykke Li, sa « playlist de l'espace » est à la fois originale et éclectique ; elle ne tarde pas à faire le tour du Web. Pas moins de dix-sept titres sont ainsi sélectionnés pour accompagner la musique des sphères.

La valise de notre spationaute national est aussi fin prête. À l'intérieur, outre sa ceinture noire de judo et

---

1. Anciennement nommée Alma-Ata pendant la période soviétique et capitale du Kazakhstan jusqu'en 1997.
2. « Français dans l'espace : dernières superstitions avant le vol », AFP/*Le Point*, 17 novembre 2016.

une kyrielle d'objets personnels, deux livres : *Le Petit Prince* de Saint Exupéry et surtout son œuvre fétiche de Jules Verne, *De la Terre à la Lune.* La Lune, Thomas en rêve depuis qu'il est gamin. Dans la nuit du 16 au 17 novembre prochain, il n'en foulera pas la surface, bien entendu, mais il pourra la contempler de plus près, au-delà des montagnes et de notre ciel. Un privilège que peu de Terriens ont partagé…

En direct du « Gagarin's Start »

Mercredi 16 novembre 2016… enfin ! Après sept longues années de stages de survie, de préparation intensive et de tests d'aptitude et de savoir, un dernier rituel très particulier rythme les heures qui séparent désormais Thomas Pesquet de son premier départ pour l'espace. Sitôt levé tardivement, vers 11 heures du matin, le Français signe la porte de sa chambre d'hôtel, avant de trinquer avec tout le personnel de l'établissement en compagnie d'Oleg Novitski et de Peggy Whitson.

Une heure plus tard, les trois cosmonautes embarquent à bord d'un bus. Direction non pas le pas de tir, mais le hangar 254, où ils vont revêtir le fameux scaphandre Sokol[1]. Détendus mais concentrés, ils plaisantent avec les techniciens et les journalistes qui les entourent. Ensuite, sur le trajet qui les mène vers la fusée proprement dite, ils s'arrêtent au milieu de nulle part. Et devinez pourquoi ? Pour uriner sur la roue arrière droite du car… La tâche est d'autant plus délicate qu'il fait un froid sibérien, environ -20 °C. Aussi ridicule apparaisse cette anecdote, elle n'en constitue pas moins l'un des temps forts du jour du départ. La

1. Voir p. 72.

raison ? Imiter le grand Gagarine qui, le 12 avril 1961, avait ressenti une envie pressante à l'approche du pas de tir. Que ne ferait-on pour respecter la tradition, aussi fantaisiste soit-elle !

Thomas Pesquet découvre « sa » fusée

22 heures. Juste avant de repartir pour l'aire de lancement du Soyouz, le Français croise le regard de son épouse, Anne Mottet, qui tremble de froid devant le hangar. Il fait -22 °C. Dessinant un cœur sur la vitre, il lui adresse un dernier baiser avant le redémarrage du bus pour le pas de tir. Du même âge que lui, polytechnicienne de formation, Anne est ingénieure agronome, chargée de politiques d'élevage à l'Organisation des nations unies pour l'alimentation et l'agriculture (FAO).

Une heure plus tard, le benjamin de la promotion 2009 des astronautes de l'ESA découvre enfin l'aire de lancement. Le moment attendu est enfin arrivé. Dans moins de quatre heures, Thomas Pesquet contemplera la vraie nuit du cosmos et la Terre dans toute leur majesté. Un rêve d'enfance se réalise. Là-haut, son objectif est de montrer et de partager avec les Terriens la vie au quotidien des passagers de la Station spatiale internationale, loin des fantasmes et des mensonges.

Le vaisseau Soyouz qui doit le transporter au firmament se tient comme un pic sur son pas de tir depuis plus de trois jours. Culminant à 53 mètres, la fusée est aussi haute qu'un immeuble de dix-huit étages. Par pure superstition, les astronautes n'ont pas eu le droit d'assister à sa mise en place. Le lundi 14, cet engin de plus de 300 tonnes à vide a été convoyé par une locomotive depuis son hangar d'assemblage. Une vitesse exceptionnellement lente. 6 kilomètres de voie ferrée franchis en deux heures. Les accompagnateurs du convoi ont ainsi eu tout le temps d'apprécier ce bijou de l'industrie spatiale. Couchée sur son flanc, la fusée a exposé ses dessous, à savoir les tuyères de ses quatre énormes boosters. Une fois parvenue à destination, dernier rituel introduit après l'effondrement de l'Union soviétique, elle est bénie par un prêtre orthodoxe…

Peu avant minuit (19 heures, heure de Paris), Thomas et ses deux compagnons empruntent un ascenseur, puis gravissent un escalier en métal, avant de s'introduire par les pieds à l'intérieur de la minuscule et inconfortable cabine de pilotage de la fusée. Ils sont vraiment au sommet du vaisseau Soyouz, sous la coiffe de l'appareil. Une fois installés, le sas se referme de l'extérieur. Comme ils sont confinés comme à l'intérieur d'un sous-marin, il leur est désormais impossible de ressortir. Comme le précise fort justement Denis Granjou, la capsule du Soyouz est « à peine plus grande que celle que lui avait construite son père sous le ciel de Normandie[1] ».

Une fois à bord, engoncés dans leur scaphandre, les trois cosmonautes de la mission Proxima ne peuvent plus se lever ni se coucher. Pendant plus de deux heures, recroquevillés dans une position fœtale, Thomas, Oleg et Peggy sont littéralement collés à leurs sièges respectifs – individuels et non interchangeables, puisque, pour épouser le corps des astronautes, ils ont été moulés. Ils se contentent d'allonger un bras pour actionner un bouton ou de pivoter la tête pour parler à leur vis-à-vis. Pour parer à toute envie pressante, nos héros des temps modernes portent tous des couches-culottes…

En attendant le moment du lancement, Thomas, Peggy et Oleg procèdent aux dernières vérifications d'usage, s'assurant ainsi du bon fonctionnement de

1. Denis Granjou, *Thomas Pesquet*, *op. cit.*

leur combinaison, des différents modules et du système de décollage. À une fraction de minutes du lancement historique, le cœur de Thomas semble battre la chamade. Baissant la visière du casque de son scaphandre, il égrène les secondes qui le séparent du décollage en même temps que le compte à rebours de la base.

« Allez Thomas ! »

À 2 h 20 précises, comme convenu (21 h 20 à Paris), le vaisseau Soyouz s'élève dans le ciel noir de Baïkonour dans un torrent de lumière. Plus de 26 millions de chevaux de poussée libèrent l'engin mécanique de la pesanteur terrestre. La fusée ressemble alors à une étrange étoile à six branches brillant dans la nuit.

Le vacarme des tuyères est assourdissant. À mesure que le vaisseau monte dans les cieux, sa vitesse s'accroît et la poussée sur les corps des cosmonautes augmente, près de trois fois leur poids à près de 10 000 mètres d'altitude. L'accélération est alors constante et les trois cosmonautes sont écrasés sur leurs sièges. Thomas bloque le haut de son torse et s'efforce de respirer avec l'abdomen, comme il a appris à le faire à l'entraînement.

Après deux minutes de vol à peine, à une cinquantaine de kilomètres d'altitude, le premier étage est largué. Trois minutes plus tard et 117 kilomètres plus haut, le vaisseau Soyouz s'allège de son deuxième étage. Il franchit la ligne de Karman et sa vitesse de croisière dépasse les 28 000 km/h. Thomas Pesquet et ses camarades peuvent respirer : le moment le plus délicat du vol est passé. Parmi les Français réunis au poste d'observation à plus d'1 kilomètre du pas de tir, la pression retombe aussi et d'aucuns n'hésitent pas à exprimer leur soulagement et leur satisfaction. « Allez Thomas ! », s'époumonent ses proches.

Au terme d'une ascension de huit minutes et de tout juste quarante-huit secondes, Soyouz Ms-03 s'est placé en orbite. Il n'en demeure pas moins soumis à la gravité et, sans sa vitesse de 28 000 km/h, il retomberait sur la Terre comme une vulgaire pierre…

À 400 kilomètres au-dessus de nos têtes, les cosmonautes sont toujours concentrés. Après une courte période d'exaltation, Oleg Novitski, Peggy Whitson et Thomas Pesquet déploient les panneaux solaires et vérifient le bon fonctionnement des moteurs et des batteries. À travers les hublots de l'appareil, ils peuvent déjà apercevoir un bout de la nuit cosmique et surtout la fragile courbure de la Terre. Mais leur voyage est loin de toucher à sa fin. Il leur faut à présent s'arrimer à la station spatiale. Pendant deux jours – une éternité –, ils vont dériver dans l'espace, accomplissant pas moins de trente-quatre tours autour de la Terre avant de regagner l'ISS.

Ainsi débute la mission Proxima, une aventure cosmique de cent quatre-vingt-seize jours, soit un peu plus de six mois…

7

Six mois et demi à bord de l'ISS

« J'aimerais que tout le monde ait la chance d'aller dans l'espace ! »

Thomas Pesquet, tweet du 21 novembre 2016

Dix bonnes minutes se sont écoulées depuis l'arrachage de la fusée Soyouz MS-03 du sol kazakh. Oleg Novitski, Peggy Whitson et Thomas Pesquet ont déjà franchi la frontière du « nouveau monde », celui de l'espace interplanétaire. Leur vaisseau fonce à présent à la vitesse phénoménale de 28 000 km/h autour de notre globe. Leur objectif : rejoindre la Station spatiale internationale.

Au terme de trente-quatre levers de Soleil…

Vers 9 heures du matin, en ce jeudi 17 novembre, Thomas Pesquet et ses deux acolytes sombrent dans un sommeil profond, leur appareil fonctionnant en pilotage automatique. Ils se réveillent avec le spectacle hallucinant d'une petite boule bleue, fragile comme une bulle de savon au milieu de l'immensité noire et insondable.

Nos trois cosmonautes ont l'impression de vivre un épisode de science-fiction. Mais leur aventure est bien réelle. Le premier, Thomas en prend pleinement conscience. Il y pense depuis près de sept ans, depuis l'année de sa sélection. Une longue période de stress, de tests et d'expériences en tous genres pour gagner son passeport pour le cosmos. À présent, il y est : il ne s'agit plus d'une simple simulation, mais d'une réalité à peine imaginable. Sous ses yeux, les paysages de notre planète défilent à une vitesse ahurissante. « J'adore traverser l'Atlantique, passer au-dessus de New York, puis Paris à dix minutes d'intervalle », s'amuse le Français dans son journal de bord[1]. Ce qui le frappe par-dessus tout, c'est l'étendue des mers qui recouvrent notre globe. Il peut vraiment être qualifié de « planète-océan ».

Plus encore que la Terre et ses magnifiques contours, ce qui obsède néanmoins notre ambassadeur des étoiles, c'est de gagner au plus vite l'ISS, un habitacle spatial à l'intérieur duquel il doit rester plus de six mois.

Au terme de trente-quatre orbites et autant de levers de soleil (correspondant à deux longues journées passées à bord du cockpit du Soyouz), Thomas l'aperçoit enfin, comme un papillon de lumière prisonnier de l'écrin de la nuit cosmique. Avec ses huit panneaux solaires photovoltaïques et sa quinzaine de modules, la Station spatiale internationale fait figure de gigantesque Meccano accroché à une voûte invisible. C'est surtout une merveille industrielle de plus de 400 tonnes, un exploit technologique insuffisamment salué ici-bas. Sans aucun doute, la construction industrielle la plus massive jamais construite par l'Homme en orbite. Depuis le début du millénaire, elle abrite en permanence des hommes et des femmes qui œuvrent pour le bien et l'avenir de l'Humanité, dans une indifférence quasi générale…

1. CieletEspace.fr, épisode 28, 13 décembre 2016.

L'ISS, première « merveille technologique » de l'espace ?

Samedi 19 novembre 2016. À l'approche de l'énorme station de 108 mètres de largeur, le vaisseau Soyouz réduit singulièrement sa vitesse. De 28 000 km/h, la fusée ralentit jusqu'à 28 000 cm/h, sans exagération. Plus l'ISS grandit sur l'horizon cosmique, plus le cœur de Thomas Pesquet s'emballe. Il est 3 h 30, heure de Moscou. Dans moins de trente minutes, les trois cosmonautes du Soyouz pénétreront dans la station et feront l'accolade aux trois hommes, un Américain et deux Russes, qui habitent la « Grande Machine » depuis plusieurs mois. Shane Kimbrough, Andreï Borissenko et Sergueï Ryjikov, les trois locataires de l'ISS, n'ont pas moins hâte de retrouver leurs camarades du cosmos.

Le vaisseau Soyouz MS-03 ralentit encore sa course. Plus que 70 centimètres par seconde, 40, 20, 10…

3 h 57. Encore une petite minute avant l'arrimage final. Le sas de l'ISS se trouve maintenant à moins d'1 mètre du nez du Soyouz. L'opération est des plus délicates. Qu'un problème technique survienne et c'est toute l'aventure des trois cosmonautes qui pourrait être compromise, voire écourtée. Ainsi, le 26 mars 2014, l'équipage russo-américain du Soyouz TMA-12M avait échoué dans sa tentative d'amarrage à l'ISS, du fait de « complications apparues dans le système d'orientation du vaisseau », d'après l'Agence spatiale russe ; l'arrivée dans la station spatiale des trois cosmonautes avait dû être retardée de vingt-quatre heures. Mais, cette fois, la manœuvre d'approche de l'ISS se déroule pour le mieux.

Une lourde porte de métal s'ouvre entre les deux compartiments. Thomas Pesquet entrevoit les combinaisons de ses futurs compagnons de vol qui laissent éclater leur joie. Oleg Novitski est le premier à s'introduire dans la station, suivi bien vite du Français et de Peggy Whitson. L'Américaine dernière à pénétrer dans l'ISS ? Étonnant. Dans l'espace, il semblerait que les règles élémentaires de la courtoisie soient quelque peu chamboulées…

Un grand bazar organisé

Une fois à l'intérieur de la Station, Thomas Pesquet peut enfin respirer. Fini l'exiguïté de la capsule Soyouz, il dispose maintenant d'un « appartement spatial » de près de 1 000 mètres cubes, dont un bon tiers habitable, avec une vue imprenable sur la Terre et l'univers. Certes, le nombre d'astronautes a doublé depuis l'extraction du cockpit du Soyouz ; ils sont maintenant six, soit cinq hommes et une femme avec lesquels Thomas va devoir partager l'air, les repas, les activités, les joies, les ennuis et les peines pendant près de six mois. Une véritable vie de confinés, plus de quatre ans avant la pandémie de Covid 19.

En découvrant son nouvel espace de vie, Thomas Pesquet ne peut s'empêcher d'être fier du travail accompli depuis sept ans. Cette fois il y est, dans cette station de légende. Il ne s'agit plus d'une simulation. À la fois inconnu et familier, l'intérieur de l'ISS fait figure de gigantesque chambre d'adolescent geek mal rangée. Un désordre apparent car chaque coin de la station est rentabilisé et tout y est soigneusement rangé. Des machines électroniques, des écrans plats, des cohortes d'interrupteurs tapissent toutes les cloisons et des kilomètres de câbles parcourent les interminables coursives de ce navire ancré dans l'espace. *A priori*, aucun danger que les astronautes égarent un objet dans ce grand bazar : un code-barres contrôlé par informatique permet de retrouver et d'identifier chaque appareil scientifique. En cas de difficulté de localisation, la Nasa peut à la rigueur rappeler les anciens occupants de la station pour situer l'objet manquant. « Il ne faut pas laisser échapper des outils, sinon on les retrouve à un endroit complètement différent, commente Thomas. Trente secondes avant de prendre l'antenne, j'ai dû chercher le micro que j'avais posé[1] ! »

L'intérieur de cet immense Meccano : de longs couloirs pressurisés donnant sur des labos de biologie, de mécanique et de robotique où les astronautes se livrent à leurs expériences, mais aussi apprennent à dormir debout ou accrochés au plafond. Il y fait régulièrement 20 à 22 °C toute l'année et l'on y vit en permanence en apesanteur. Plus de sol, ni de haut ni de bas, des journées n'excédant pas une heure et demie, quarante-cinq minutes de jour et quarante-cinq minutes d'obscurité. En l'espace de vingt-quatre heures, le soleil se lève seize fois : le dépaysement est vraiment total.

« Tu fais rêver la France »

« L'ISS est géniale, encore mieux que dans mes rêves », tweete notre héros des étoiles le 21 novembre 2016. Et d'ajouter : « Flotter, c'est hyper cool. » Mais sans exagération. « Au début, s'amuse-t-il aujourd'hui, c'est curieux : on se surprend à avoir le réflexe de nager. Cela ne sert absolument à rien, sinon à s'agiter sans avancer d'un pouce[2]. »

Dans les premières heures qui suivent l'arrivée des astronautes, l'apesanteur est encore insuffisamment

1. Propos recueillis par Audrey Dufour, « Toilettes, musique et rangement : la vie de Thomas Pesquet dans l'espace », *La Croix*, 24 novembre 2016.
2. Thomas Pesquet, *Ma vie sans gravité*, *op. cit.*

maîtrisée. En prenant trop de vitesse, Thomas se cogne à plusieurs reprises contre les parois de la station. « Je gère mes décollages, mais pas encore mes atterrissages ni mes virages serrés », constate-t-il sur son compte Twitter. « Le secret, c'est action-réaction : une petite impulsion sur une main courante ou sur une paroi nous propulse dans la direction opposée, et nous flottons jusqu'à un nouvel appui pour nous arrêter, ou pour une impulsion dans une autre direction, et ainsi de suite… Le grand classique, c'est de manquer la poignée une fois lancé et d'aller tout droit s'écraser quelque part en loupant totalement un virage, car impossible également de freiner ici, sinon en se retenant à quelque chose[1]… »

Quoi qu'il en soit, le Français diffère la visite complète de sa grande « maison spatiale » au lendemain. L'un de ses premiers gestes à bord est d'appeler et de rassurer sa famille restée à la Cité des étoiles. Notamment sa femme – qu'il appellera tous les soirs –, ses parents et son frère aîné. Ce dernier ne cache d'ailleurs pas son admiration : « Je suis fier de toi, tu fais rêver la France[2] », lâche Baptiste Pesquet. « C'est comme être en voyage d'affaires, c'est juste un absolument incroyable voyage d'affaires de six mois », s'amuse notre astronaute auprès de ses proches.

Bienvenue à bord de la « coupole magique »

À la fois inconnu et familier, le nouvel environnement du dixième français de l'espace ressemble à un rêve scientifiquement contrôlé. Ne souffrant d'aucune nausée ni du moindre mal de crâne, il est littéralement

1. *Ibid.*
2. Cité par Denis Granjou, *Thomas Pesquet*, *op. cit.*

subjugué par son environnement, même si sa chambre ressemble « à une cabine téléphonique encastrée dans le sol[1] ». Seul petit bémol : le bruit incessant des machines. Autant dire que le « silence éternel des espaces infinis » cher à Blaise Pascal ne franchit pas les cloisons de la Station spatiale internationale !

Dans sa nouvelle demeure, sa pièce préférée est indéniablement la coupole d'observation. Celle-ci accapare presque tout son temps libre. Baptisée « Cupola », cette grosse bulle en aluminium offre en effet une vue imprenable sur notre vieille planète bleue ; un privilège exceptionnel, à 400 kilomètres d'altitude, avec une vue panoramique à 180 degrés. Doté de six grands hublots sur le côté et d'une grande fenêtre centrale zénithale, ce dôme constitue un lieu de loisir et de contemplation sans pareil pour nos astronautes en mal de Terre natale.

D'une masse avoisinant les 2 tonnes, cette structure d'1,50 mètre de haut et de près de 3 mètres de large peut accueillir deux astronautes à la fois. Elle a été apportée en février 2010, lors d'une mission de la navette spatiale. Conçus par la firme italienne Alenia (devenue Thales Alenia Space), les hublots de ce dôme ont été fabriqués à partir de plusieurs lamelles de verre de qualité optique ; ils sont *a priori* résistants à tout impact de micrométéorite.

La Terre, notre berceau

Étonnamment, ces hommes et ces femmes qui ne pensaient qu'à quitter notre planète ne peuvent à présent plus détacher leur regard de la Terre. Dans l'espace, l'un des grands rêves des astronautes n'est en effet plus de

1. Thomas Pesquet, *Ma vie sans gravité*, *op. cit.*

scruter le fond de la nuit cosmique avec son cortège de nébuleuses planétaires, d'amas globulaires, de géantes bleues et de naines rouges, mais de contempler l'infinie beauté de notre monde… ainsi que ses blessures.

Chaque soir, après une journée de travail bien remplie, Thomas Pesquet passe ainsi plusieurs heures dans la Cupola, à scruter les contours des continents, à photographier les deltas des grands fleuves, à deviner l'emplacement des grandes villes du monde, ou encore à identifier et immortaliser sa Normandie natale.

La Terre est une oasis de vie aujourd'hui menacée par toute une série de calamités climatiques. Désertification, pollution des mers, multiplication des cyclones et des inondations, incendies de forêts : les cicatrices de la planète bleue apparaissent d'autant plus alarmantes vues de l'espace. En observant la longue agonie de la Terre depuis la Cupola, Thomas s'émerveille autant qu'il s'inquiète. Cinq ans plus tard, lors de sa deuxième mission spatiale, il constatera *de visu* l'intensification du dérèglement climatique. S'il s'accélère, pense-t-il, le berceau de l'Humanité pourrait rapidement se transformer en tombeau. Peut-être d'ici la fin du siècle…

Le nouveau passager de l'ISS est toutefois rattrapé par un problème bassement « terre à terre » : le dysfonctionnement des toilettes. Il emploie ainsi une grande partie de la matinée du 18 novembre à réparer les sanitaires. Qu'ils soient inutilisables, et c'est l'ensemble de la vie à l'intérieur de l'ISS qui serait compromise. Pas plus tard qu'en mai 2008, des toilettes bouchées à cause d'une pompe défectueuse avaient entraîné le refuge des astronautes Sergueï Volkov, Oleg Kononenko et Garrett Reisman à l'intérieur du Soyouz pour soulager leurs besoins naturels. Encore heureux qu'ils n'étaient que trois ! Leur calvaire dura treize longues journées.

Il fallut attendre l'arrivée de la navette et de pièces de rechange pour résoudre ce délicat problème.

Huit ans plus tard, voilà que ça recommence. À peine arrivé dans la station, Thomas Pesquet doit jouer les plombiers de l'espace pour réparer les deux toilettes de l'ISS, une de conception américaine, l'autre de conception russe. Un vrai casse-tête qui va l'absorber toute sa première journée à bord. À n'en pas douter, ce baptême de l'espace démarre sous les meilleurs auspices ! Et dire que certains sont prêts à investir des millions de dollars pour vivre à bord de l'ISS… Bon courage !

Des toilettes qui fonctionnent, une priorité spatiale…

À 400 kilomètres au-dessus de nos têtes, l'inconfort, l'exiguïté et l'insécurité sont inévitables. À bord de l'ISS, pas de douche, pas de lit, pas de canapé, pas de piscine et encore moins d'intimité. En guise de toilette matinale, les astronautes de la Station spatiale internationale se contentent d'un simple savon et d'un gant de toilette imbibé d'un shampoing sans rinçage. On évite aussi de se laver les cheveux avec trop d'enthousiasme pour réduire la dissémination des gouttes liquides dans l'air pressurisé de la cabine.

Le lavage des dents n'est pas plus évident. La principale difficulté consiste à se débarrasser de la salive moussante. Si d'aucuns usent peu de dentifrice, d'autres crachent dans un tissu-éponge jetable. Un occupant de l'ISS a même l'idée saugrenue d'utiliser l'entonnoir aspirant de l'urinoir pour venir à bout de sa salive. A-t-il oublié que l'urine des astronautes est recyclée pour produire de l'eau potable ?

L'urine et les excréments, voilà bien le souci numéro un de nos locataires du cosmos. Dans l'espace, personne ne vous entend tirer la chasse. Pour uriner, les astronautes disposent d'un tuyau muni d'un entonnoir à son extrémité. En guise de W.-C., un simple trou fonctionnant par aspiration. L'urine est stockée, puis recyclée. Première difficulté : la taille réduite des cuvettes spatiales. En effet, si sur notre bonne vieille Terre ces dernières excèdent 40 centimètres, dans l'espace, il ne faut pas être ivre mort avant de se soulager aux toilettes car le trou n'excède pas 10 centimètres. Une ouverture du siège réduite, pour éviter que tous les objets situés à proximité de la cuvette ne soient à leur tour aspirés.

Pour se maintenir solidement au-dessus de ces W.-C. lilliputiens, nos astronautes disposent de tout un arsenal de poignées, de sangles et même d'étriers. Une vraie aventure spatiale, digne d'être racontée aux enfants. Une fois positionnés, ils activent un système d'aspiration destiné à évacuer les excréments. Loin d'être largués directement dans l'infini, ces déchets solides sont stockés dans un conteneur avant d'être rejetés dans l'espace une fois rempli. Il se désintégrera en traversant notre atmosphère.

Ce souci de la propreté et de l'hygiène est caractéristique du monde très singulier de l'espace, un univers radicalement différent de celui que huit milliards de Terriens endurent chaque jour. À 400 kilomètres au-dessus de la terre ferme, nous ne sommes plus sur Terre, dirait La Palice. En termes concrets, les astronautes de la station spatiale doivent bannir tous leurs réflexes du quotidien et réapprendre à vivre dans tous les sens du terme. Leur appréhension du réel s'en trouve bouleversée.

Une journée à bord de l'ISS

Contrairement à ce que l'on pourrait croire, les journées à l'intérieur de la Station spatiale internationale sont comparables dans leur durée à celles qui se déroulent sur Terre. Étonnant, quand on sait que le soleil s'y lève seize fois par jour. Mais, pour simuler un vrai temps terrestre, les astronautes allument les lumières à 7 heures du matin et les éteignent passé 20 heures[1].

Dans une interview au journal *La Croix*, le 24 novembre, Thomas Pesquet relate une journée type à bord de la station. En résumé, pas de place pour les paresseux ! Après avoir émergé de son sac de couchage à 6 h 30, précise-t-il à la journaliste Audrey Dufour, il se lave, prend son petit déjeuner avec ses compagnons, puis assiste à un premier meeting avec Houston ou Baïkonour pour évoquer le planning des prochaines heures. « Un vrai marathon. »

Quand les trois quarts du temps de travail sont consacrés à la recherche proprement dite, le reste des activités consiste à effectuer des tâches de maintenance, d'entretien et de logistique. Au programme des premiers jours de la mission Proxima, citons par exemple l'expérience Matiss, acronyme de *Microbial Aerosol Tethering on Innovative Surfaces in the international Space Station.* Une étude bien française, conçue par l'École normale supérieure de Lyon et consistant à lutter contre la prolifération des bactéries à bord de l'ISS. Dans l'espace, elles sont plus virulentes et se multiplient bien plus vite. Le risque infectieux à bord est donc l'une des préoccupations majeures des chercheurs. « La plupart des micro-organismes vivants sont transportés dans de

1. L'horaire à bord est aligné sur celui du méridien de Greenwich.

minuscules gouttelettes d'eau ou des aérosols émis par les astronautes », explique Laurence Lemelle, biominéralogiste[1]. Par ailleurs, au sein d'un espace confiné comme celui de l'ISS, où les eaux usées et l'urine sont recyclées en permanence et où l'on stocke les déchets, l'hygiène et la propreté sont primordiales, tant pour la santé des astronautes que pour la sécurité des équipements.

Après la réparation des toilettes, Thomas a maintenant la charge de mener une expérience capitale visant à améliorer le nettoyage à bord. Après avoir joué au plombier, notre spationaute se retrouve ainsi dans la peau d'un « homme de ménage » high-tech. Des tâches bien sûr essentielles, si l'on veut rendre la vie supportable à bord…

Dans l'espace, pas de place pour les bactéries

À peine a-t-il réparé les sanitaires, Thomas Pesquet joue les apprentis sorciers en s'efforçant de stopper l'invasion des bactéries depuis le laboratoire scientifique européen Columbus, un espace pressurisé d'une masse de 10 tonnes et d'un volume de 75 mètres cubes mis en orbite par la navette *Atlantis* en février 2008 et amarré au module Harmony.

À cette fin, notre arpenteur du cosmos dispose de quatre plaques, ou plutôt de quatre porte-échantillons de même dimension. Tous fournis par le Cnes, le CEA-Leti, le CNRS ou encore l'entreprise Saint-Gobain, ils portent chacun six lamelles de verre revêtues de matériaux révolutionnaires censés repousser les assauts des agresseurs de l'infiniment petit. Des surfaces dites

1. Propos relatés par Rémy Decourt, « Comment Thomas Pesquet a participé à la lutte contre le coronavirus depuis l'espace », Futura-sciences.com, mars 2020.

« intelligentes » et « autonettoyantes », constituées d'éléments aux noms ésotériques pour les profanes que nous sommes : des polymères biocompatibles à la silice organique, en passant par les monocouches autoassemblées, tous ces matériaux de haute technologie ont été sélectionnés en vertu de leur reproductibilité, de leur adaptabilité rapide à la microgravité et surtout de leur aversion de l'eau. « En réduisant la surface de contact des gouttelettes d'eau avec les matériaux, l'hydrophobicité permet au premier ordre de repousser l'eau de la surface et limite ainsi l'adhésion des micro-organismes », explique encore Laurence Lemelle. À Thomas de trouver la surface la plus appropriée à la lutte antibactérienne. Il reviendra sur Terre avec les résultats de son expérience, laquelle sera analysée en profondeur par des laboratoires *ad hoc*.

Les enjeux de cette expérience en apesanteur ne se limitent pas au seul environnement spatial de l'ISS et au bien-être de ses occupants. Selon Alain Redbran, auteur d'un article sur l'expérience Matiss à bord de la station, celle-ci pourrait avoir des retombées spécifiquement terrestres[1]. L'idée consiste à combattre la contamination bactérienne dans les lieux publics très fréquentés. Les poignées de porte, boutons d'ascenseur, barres du métro et des caddies de supermarché, ou encore les interrupteurs pourraient ainsi être conçus avec ce type de matériaux. Dans un contexte plus général, l'expérience antibactérienne dans l'espace a aussi été conceptualisée afin de réduire les risques de contamination épidémique dans des milieux bien cloîtrés sur notre planète…

1. Alain Redbran, « Thomas Pesquet évaluera l'expérience Matiss dans l'ISS », Techno-Science.net, novembre 2016.

Quand les astronautes préparent le monde de demain

La seule expérience Matiss témoigne de l'utilité des voyages spatiaux. Loin d'être réservé à une élite scientifique et financière en mal de nouvelles sensations, l'espace suborbital est le lieu d'expériences aussi inédites qu'utiles à l'Humanité tout entière. Les innovations technologiques *made in space* sont en effet pléthore. Hormis les casques sans fil, les purificateurs d'eau et les fermes verticales, on peut aussi mentionner le thermomètre auriculaire, la couverture de survie en aluminium, les détecteurs de fumée, les capteurs optiques, les aliments lyophilisés ou encore le textile ignifugé, ou « tissu bêta », qui ne fond qu'à partir de 650 °C[1]. Et la liste est loin d'être exhaustive.

En ce mois de novembre 2016, Thomas Pesquet est le premier conscient de l'apport des technologies spatiales dans notre quotidien. Au total, ce ne sont pas moins de cent dix-sept expériences scientifiques qui l'attendent au fil de sa mission. Soixante-deux d'entre elles doivent être réalisées pour le compte du Cnes et de l'ESA, tant dans le domaine de la physique des fluides que de la physiologie humaine. Une tâche prométhéenne qui ne semble pas effrayer le Français. Imperturbable et d'une constante bonne humeur, il s'ingénie à expérimenter la machine MARES (*Muscle Atrophy Research and Exercice System*), un système permettant de surveiller l'activité musculaire des astronautes pendant leur exercice. La machine en question est installée dans le laboratoire européen Columbus.

1. Les pompiers sont les premiers utilisateurs de ce textile en fibre de kevlar.

L'expérience commence le 25 novembre et dure plusieurs jours. Dès l'instant où Thomas Pesquet l'utilise, les experts du système Cadmos, à Toulouse, sont branchés en direct avec l'ISS. « La chaise de MARES me rappelle étrangement celle du dentiste, les chocs électriques dans la jambe en plus », tweete le Français, avec humour, le 2 décembre.

Nous l'avons dit, l'espace ne nous transforme pas en surhommes. Dans le milieu de la microgravité, nos sens sont bouleversés et notre corps subit un choc. On perd ainsi à la fois des muscles, des os, des globules rouges, de l'acuité visuelle et même de notre capital-vie ! Un voyage de six mois à bord de l'ISS correspond à la fonte d'un bon quart de notre masse musculaire, à la perte d'un cinquième de la densité de nos os et à un vieillissement accéléré de nos veines et de nos artères…

Quant à la perte des globules rouges, elle demeure une énigme et s'effectue à un rythme bien plus élevé que celui que l'on observe sur Terre (trois au lieu de deux millions détruits par seconde). Après un séjour de plus de quinze jours dans l'espace, au moins un astronaute sur deux est cliniquement anémique. « Lorsqu'ils reviennent de l'espace, ils ressemblent beaucoup aux patients que nous admettons en cure de désintoxication », explique le biochimiste Guy Trudel[1]. En principe, le voyage dans l'espace serait donc fortement déconseillé aux personnes souffrant de problèmes cardiaques, d'angine de poitrine ou présentant un taux d'hémoglobine anormal.

---

1. Propos recueillis par Doug Johnson, « We don't know why, but being in space causes us to destroy our blood », Arstechnica.com, 14 janvier 2022.

Un excellent astronaute, doublé d'un incroyable internaute

Rassurons-nous, il y a aussi un temps pour les loisirs à bord de l'ISS. À compter de 19 h 30, c'est quartier libre… comme à l'armée ! Thomas Pesquet peut alors dîner avec ses coéquipiers et surtout s'adonner à ses distractions favorites. Ses camarades et lui regardent la télé. Il peut ainsi savourer en avant-première le dernier *Star Wars*, huitième du nom, ou encore déguster un match de basket de la NBA.

Mais surtout, il ne se lasse pas d'observer la Terre depuis la Cupola. C'est depuis ce dôme qu'il s'adresse quotidiennement et directement au public. Du jamais vu de mémoire d'astronaute. Pendant plusieurs mois, notre spationaute favori prend ainsi des milliers de photos de notre planète bleue, en s'attardant sur les villes, les deltas des grands fleuves, les forêts, voire les aurores boréales, montrant au passage les dégâts occasionnés par les conflits militaires, le réchauffement climatique et surtout la dégradation industrielle. À raison d'une dizaine de messages par jour au cours de sa mission, Thomas Pesquet inonde les réseaux sociaux de plusieurs milliers de photos, se forgeant ainsi une véritable popularité. Au terme de la mission Proxima, il sera devenu une star des réseaux sociaux.

Assurément, sa révolution autour de la Terre s'accompagne d'une véritable révolution médiatique. Excellent astronaute, Thomas se révèle un communicant hors pair, sinon l'explorateur d'une nouvelle ère : celle de l'interactivité entre les arpenteurs de l'espace et du public.

Comment fêter Noël à 400 kilomètres d'altitude ?

Noël 2016 dans l'espace. Même sans cheminée ni champagne à bord, l'ambiance des grands jours est au rendez-vous. Plusieurs heures durant, Thomas et ses camarades ont cherché en vain un sapin en plastique dans tous les recoins de l'ISS. En guise de décor, de simples boules multicolores représenteront autant de sphères célestes en miniature.

Coiffé d'un simple bonnet rouge, Thomas Pesquet partage avec ses nouveaux amis la joie d'un repas pantagruélique signé Alain Ducasse. Au menu, un surprenant saumon d'Écosse au citron, suivi d'un succulent confit de canard aux câpres, le tout arrosé de jus d'orange et de thé. Et pourtant, Thomas se sent nostalgique. Aussi vertigineuse soit l'expérience qu'il vit, il ne peut s'empêcher de se souvenir des repas de fête en famille dans sa verte Normandie. Sans compter les fantastiques batailles de boules de neige organisées avec son frère Baptiste et ses cousins sur un lac gelé. Une vraie séance de fou rire à jamais gravée dans son esprit.

Un quart de siècle plus tard, l'enthousiasme des convives est de mise, mais les acteurs, le lieu et les circonstances ont changé. La famille et la douce Normandie ont laissé place à des astronautes aguerris et à un bijou technologique sans pareil. Spectacle hors concours, la Terre au milieu du cosmos. La plus belle boule de Noël qui soit… En guise de cadeau, le Français attend surtout sa première sortie extravéhiculaire dans l'espace, ou EVA (*extravehicular activity*). Elle doit s'effectuer le 13 janvier…

Premier contact direct avec l'infini

« Sortir dans l'espace, c'est comme faire de l'escalade avec une armure[1]. » Thomas Pesquet a indéniablement le sens de la formule. Pour notre spationaute en mal d'infini, cette sortie est une chance, car tous les astronautes ne bénéficient pas d'une EVA lors de leur premier séjour dans l'espace.

Certes, il ne s'agit pas d'un événement d'envergure. Depuis près de trente ans, pas moins de trois Français ont ainsi connu l'ivresse du vide spatial : Jean-Loup Chrétien en 1988, Jean-Pierre Haigneré en 1999 et Philippe Perrin en 2002. Par ailleurs, en 1984, un Américain, Bruce McCandless, est entré dans le Panthéon de l'histoire de la conquête spatiale en accomplissant la première sortie extravéhiculaire dans l'espace sans attache à la station, errant dans le vide interplanétaire juché sur son « fauteuil spatial » MMU (*Manned Maneuvering Unit*). D'aucuns l'ont surnommé « l'homme-satellite ».

Toutefois, c'est toujours une opération spectaculaire… et dangereuse. À commencer par la lutte contre le mal de décompression. Le protocole de préparation respiratoire dure pas moins de douze bonnes heures. Avant de pousser le sas de sortie, Thomas Pesquet respire ainsi de l'oxygène pur afin de purger son corps de son azote. À l'instar de la plongée sous-marine, cette opération permet d'éviter la formation de bulles d'azote dans le sang.

Une expédition dans le vide spatial n'est pas non plus une sinécure. Pendant plusieurs heures, du fait de la rigidité du scaphandre et de l'épaisseur des gants, les

1. Denis Granjou, *Thomas Pesquet*, *op. cit.*

gestes et les mouvements sont lents et difficiles, voire épuisants. On ne peut même pas se restaurer, tout juste boire un peu grâce à un sac d'eau contenant près d'un litre et demi. L'apparition de lésions musculaires et cutanées n'est pas non plus négligeable. Enfin, il y a les dangers liés au milieu spatial lui-même. Sans compter le choc psychologique d'être directement confronté à l'immensité du cosmos et l'exposition permanente aux radiations solaires[1] et aux très grandes amplitudes thermiques, le risque d'être frappé par des micrométéorites est bien réel. La perforation du scaphandre provoquerait aussitôt sa totale dépressurisation, laquelle serait fatale pour l'astronaute à très court terme… À l'heure où ces lignes sont écrites, aucune sortie extravéhiculaire dans l'espace n'a été mortelle, mais d'aucunes ont failli tourner au drame, telle l'EVA d'Alexei Leonov en mars 1965[2].

Cette sortie extravéhiculaire dans l'espace est le point d'orgue de la mission du Français, l'événement clé de ces six mois en orbite. En ce vendredi 13 janvier, notre astronaute affiche une grande sérénité en pénétrant dans le sas de décompression. Auparavant, il a passé un bon quart d'heure à endosser le fameux scaphandre EMU, une combinaison de plus de 200 kilos avec le sac[3], aidé par Peggy Whitson. « J'avais l'impression d'être enfermé dans un cercueil avec juste une vitre devant les yeux », note-t-il dans son journal de bord[4]. Malgré l'infini qui

1. Pour mieux mesurer la dose de radiations en orbite, l'ESA a équipé Thomas Pesquet d'un dosimètre. Une première…
2. Voir p. 115.
3. Voir chapitre précédent, p. 86.
4. CieletEspace.fr, épisode 30, 2 février 2017.

l'entoure, le degré de mobilité de l'astronaute qui évolue dans le vide est en effet très réduit.

Une fois à l'extérieur de la station, avec une bonne demi-heure d'avance, le premier élément qui frappe notre vagabond du cosmos est la chaleur, ainsi qu'une aveuglante lumière. Il est en effet exposé directement au Soleil. Pendant quarante-cinq minutes – durée du jour à bord de l'ISS –, les rayons de notre étoile le frappent de plein fouet, à plus de 150 °C. Sans les douze couches de sa combinaison, Thomas Pesquet grillerait assurément. Afin de se réhydrater, l'astronaute dispose d'une réserve d'eau qu'il peut aspirer au moyen d'une pipette.

Au cours des premières minutes, ses gestes sont encore incertains. Il n'évolue plus au fond d'une piscine, comme lors des simulations, mais dans le grand vide avec la Terre sous ses pieds. Impressionnant, même pour un professionnel de l'espace aguerri. Sans éprouver de vertige, Thomas Pesquet n'est pas très rassuré ; il éprouve cette sensation semble-t-il irrépressible de basculer dans le vide. Mais il se reprend très vite. Dans son évolution au cœur de l'infini, il est encore rattaché par un câble à la station et, surtout, il ne « marche » pas seul dans l'espace. Pour cette première mission extra-véhiculaire, il est accompagné de Shane Kimbrough, un vétéran des *spacewalks*, les « marches dans l'espace ». Sous leurs pieds, « la Terre semble rouler comme une grosse boule de bowling[1] » – une pure vue de l'esprit, bien entendu…

Ensemble, les deux explorateurs du cosmos ont à effectuer un travail précis et méticuleux. Loin de se contenter de regarder sous leurs pieds le fantastique spectacle des paysages terriens défilant à la vitesse de

1. Thomas Pesquet, *Ma vie sans gravité*, *op. cit.*

28 000 km/h, le Français et l'Américain entreprennent de changer six lourdes batteries des panneaux solaires. Et les deux hommes accomplissent leur devoir avec brio. Au terme de 5 heures et 58 minutes de sortie dans le vide[1], moyennant quatre levers de Soleil et des différences de température de plus de 300 °C entre le jour et la nuit, Pesquet et Kimbrough réintègrent la station en héros de l'espace. Aux dires de son collègue et ami Luca Parmitano, lequel supervise la mission depuis le centre de Houston, le Français a effectué un parcours sans faute.

Mourir noyé dans l'espace ?

Luca Parmitano félicite d'autant plus chaleureusement son camarade de promotion 2009 qu'entre-temps l'astronaute italien a lui-même connu un sérieux déboire lors d'une EVA. L'incident remonte au 16 juillet 2013. Ce jour-là, Parmitano s'aperçoit avec effroi que son casque est rempli d'eau. Au terme de quelques minutes, celle-ci recouvre en effet ses écouteurs et presque toute la partie frontale du viseur à laquelle il adhère, réduisant d'autant plus sa vision. Pis encore, l'eau menace d'obstruer ses narines. Il secoue la tête pour s'en débarrasser. S'interrogeant sur l'origine du phénomène, l'astronaute en perdition se demande s'il ne s'agirait pas d'eau de boisson, disponible sous forme de sachet à l'intérieur de son casque, voire de sa propre sueur. « Je sens tout à coup que la température du liquide est trop basse pour être de la sueur et j'ai la sensation distincte qu'elle s'accroît en volume », souligne l'infortuné Parmitano.

1. L'autonomie d'une EVA est d'environ huit heures.

Écourtant sa mission, l'astronaute italien doit regagner au plus vite l'intérieur de l'ISS, quitte à dépressuriser son casque en ouvrant la valve de sécurité près de son oreille gauche. Une option lourde de dangers : certes, l'eau accumulée dans le casque est sans doute expulsée, mais l'astronaute ouvre ainsi une brèche dans sa combinaison, mettant sa vie en danger.

Aveuglé, Parmitano ne peut voir au-delà de quelques centimètres. Pendant plusieurs minutes interminables, l'Italien évolue à tâtons le long de la paroi de l'ISS, tâchant autant que possible de suivre le trajet de son câble de sécurité tendu jusqu'au sas. Au terme d'efforts inouïs, il parvient à réintégrer la station. Ôtant rapidement son casque, ses collègues lui essuient ensuite le visage car, dans l'espace, l'eau reste « collée » à la peau. « L'espace est une frontière, dure et inhospitalière, où nous ne sommes encore que des explorateurs et pas des colons », déclare Parmitano[1] après cette haute frayeur. Aujourd'hui encore, les experts de la Nasa ignorent pourquoi l'astronaute italien a failli se noyer. Ils privilégient toutefois l'hypothèse d'une fuite dans le système de refroidissement de sa combinaison.

Fort heureusement, trois ans plus tard, Thomas Pesquet ne connaît pas cette déconvenue. Bien au contraire. Son évolution dans l'espace est même un triomphe médiatique. Plus de six cent mille personnes ont ainsi suivi ses exploits sur Internet. Et les images sont d'autant plus exceptionnelles que notre Normand était muni d'une caméra HD. Une première pendant une sortie extravéhiculaire. Thomas n'en sort pas moins exténué. Plus encore que son torse, ses bras ou ses jambes, ce sont ses mains qui ont le plus souffert de son expérience inédite dans le vide.

1. AFP, 21 août 2013.

En route pour un deuxième round

Après leur première *spacewalk*, Thomas Pesquet et Shane Kimbrough ont tellement ravi les ingénieurs spatiaux de Houston que ceux-ci les ont qualifiés de « marathoniens de l'espace ». Efficaces, rapides, précis, les deux astronautes ont vraiment impressionné par leur savoir-faire. Entre-temps, le 27 février, Thomas a fêté son trente-neuvième anniversaire… sans la moindre bougie.

Deux mois après leur spectaculaire sortie extravéhiculaire du 13 janvier, le Français et l'Américain remettent ça. Et n'allons pas croire qu'il s'agisse ici d'une simple « balade spatiale ». Au programme de ce 24 mars, les deux « marcheurs de l'infini » ont la lourde et délicate tâche de déconnecter le Pressurized Mating Adapter-3 (PMA-3[1]) du nadir du module Tranquility, pour le transférer, deux jours plus tard, au port Zénith du module Harmony. L'opération sera alors effectuée par le bras robotique Dextre (réparé entre-temps). À long terme, ce déplacement devrait faciliter l'amarrage des futurs engins spatiaux américains, à savoir le cargo Crew Dragon et la capsule Starliner.

Notre astronaute doit aussi vérifier la valve d'un radiateur suspectée d'être la responsable d'une légère fuite d'ammoniac. Au total, cette deuxième sortie dans le vide devrait excéder six bonnes heures. Le premier, Thomas Pesquet n'est pas avare de mots pour expliquer son long travail. « Déconnecter des câbles de l'adaptateur

1. Permettant la jonction de modules de l'ISS et des fusées qui s'accrochent à elle, ce « module d'accouplement pressurisé » a été installé sept ans plus tôt sous le ventre de Tranquility. Apporté par la navette en octobre 2000, ce PMA-3 était initialement amarré à l'écoutille située au nadir (face à la Terre, vers le « bas ») du module Unity. Dix ans plus tard, il était soudé à Tranquility.

de couplage pressurisé 3 (PMA-3), lubrifier l'extrémité du bras robotique Canadarm2, inspecter un radiateur et remplacer des caméras et des équipements informatiques », explique-t-il[1].

Encore plus de six heures dans le vide spatial

Le jour J, vendredi 24 mars 2017, les « marathoniens de l'espace » ne faillissent pas à leur réputation. Une fois encore, Thomas Pesquet et Shane Kimbrough rivalisent de dextérité, de précision et de rapidité lors de cette seconde mission spatiale. Sortis une fois encore avec près d'une demi-heure d'avance du sas de décompression, à 11 h 24 UTC exactement, soit 13 h 24 à Paris, nos deux « marcheurs » inspectent minutieusement et efficacement les câbles, les caméras et les équipements informatiques. Thomas Pesquet, en particulier, photographie sous toutes les coutures le système de refroidissement supposé défaillant en transmettant directement les images aux ingénieurs de Houston. Les hommes de la Nasa soupçonnent une fuite d'ammoniac, un gaz extrêmement irritant qui pourrait brûler les yeux et les poumons des passagers de l'ISS. Mais tout a l'air de fonctionner normalement. Aucune anomalie n'est détectée.

Une fois cette vérification réalisée, le Français s'improvise alors mécano. Deux heures durant, il lubrifie comme convenu l'extrémité du grand bras robotique de fabrication canadienne, avant de déconnecter avec succès les câbles et les connexions électriques du module

1. Propos rapportés par Sylvie Rouat, « Revivez la deuxième sortie de Thomas Pesquet dans l'espace », Sciencesetavenir.fr, 24 mars 2017.

d'accouplement pressurisé PMA-3, cette fois au côté de son collègue américain Shane Kimbrough.

En l'espace de six heures et trente-quatre minutes passées dans le vide, les deux astronautes réalisent leurs tâches à la perfection. Un nouveau sans-faute salué comme il se doit par le staff de Houston. En un temps record, les deux hommes ont remplacé les caméras, vérifié tous les câbles, réparé le bras robotique Dextre et surtout préparé le fameux PMA-3 pour son transfert au module Harmony.

Un « homme des étoiles » proche des gens

Au-delà de cette seconde sortie dans l'espace, Thomas Pesquet forge une fois encore sa réputation de grand communicant. Équipé d'une caméra GoPro, notre spationaute a bombardé son site Instagram d'images et de photos en direct de l'espace. Tous les instants clés de son EVA ont ainsi été partagés avec un large public déjà accro à son aventure orbitale.

Selon l'astronaute français, l'exploration de l'espace n'est rien si elle se limite à la seule sphère des spécialistes. À la différence de ses prédécesseurs, son principal souci est de partager à tout prix son savoir, mais aussi de communiquer sa joie et sa soif inextinguible de découvertes. « Notre avenir est dans la recherche spatiale », martèle-t-il depuis plusieurs années. Se détourner du chemin des étoiles reviendrait à hypothéquer l'amélioration de nos conditions de vie au quotidien. Ce voyage spatial n'est pas seulement sa mission, mais celle de tous ceux qui le suivent sur le Web.

En orbite, le plus hallucinant n'est pas tant l'immensité insondable du cosmos que l'omniprésence de la Terre. On ne voit qu'elle ! *Via* les images transmises par Thomas Pesquet, le public est avant tout frappé par la beauté de notre planète. On la découvre ainsi dans toute sa splendeur, mais aussi dans toute sa fragilité. Au contraire, le cosmos apparaît noir, sombre, hostile, impénétrable. Sur les photos, on ne distingue même pas les étoiles[1]…

Premier incident en orbite

Jeudi 30 mars 2017. Six longues journées « terrestres » après la seconde *spacewalk* de Thomas Pesquet, nouvelle sortie extravéhiculaire dans l'espace. Une fois n'est pas coutume, le Français n'a pas revêtu son lourd scaphandre EMU et n'a pas subi de séance protocolaire de dépressurisation. Et pour cause, il ne sort pas dans le vide spatial. Resté à bord de l'ISS, il assiste à la « marche » des deux astronautes américains de l'équipage, l'incontournable Shane Kimbrough et sa grande camarade de stage, Peggy Whitson.

C'est alors qu'un incident se produit. Un couac aussi exceptionnel qu'inattendu : la perte d'une couverture blanche destinée à protéger l'ISS des impacts de micrométéorites. Le problème intervient au moment où Peggy essayait de plier la couverture. Sur les images diffusées par la Nasa, on voit nettement l'objet blanc, large d'1,50 mètre, s'éloigner de la station et dériver dans l'espace. Image singulière et inédite…

Jugé sans gravité pour la suite de la mission – le risque le plus crucial étant une possible collision de l'objet en orbite avec l'ISS circulant à 28 000 km/h –, cet incident rappelle à Thomas Pesquet et à ses amis que la routine n'est pas de mise dans le milieu spatial. Le moindre

1. Ce sont surtout les turbulences de l'atmosphère terrestre qui provoquent le scintillement des étoiles. Dans l'espace, la très forte luminosité du Soleil occulte celle de ses lointaines cousines.

geste imprécis et c'est la survie de l'équipage qui peut être en danger.

À cinquante-sept ans, Peggy Whitson n'en est pourtant pas à sa première *spacewalk*. Elle en totalise déjà huit, battant le précédent record de sa compatriote Suni Williams[1]. Et pourtant, la protection thermique lui a échappé des mains. L'incident n'a toutefois pas empêché les deux astronautes américains de poursuivre leur EVA jusqu'à son terme. Kimbrough et Whitson ont par exemple continué à brancher des câbles électriques pour faciliter l'amarrage des futurs Crew Dragon de la firme privée SpaceX au module Harmony.

Surnommé « Blanket Gate », cet incident a durablement marqué Peggy, mais surtout, il a pour résultat immédiat et contrariant d'annuler la troisième sortie extravéhiculaire de Thomas Pesquet, prévue pour le jeudi 6 avril.

Une interview avec Karl Lagerfeld

Le report, si ce n'est l'annulation de son EVA sera l'une des rares déceptions du Français au cours de cette mission Proxima, pourtant riche en événements positifs. Sur les conséquences de cet incident, Thomas Pesquet n'a toutefois jamais montré la moindre amertume. En guise de nouvelle évasion, il s'entretient avec le couturier Karl Lagerfeld, en direct des studios de France Info. En ce 5 mai, l'espace d'une bonne dizaine de minutes, le célèbre couturier redevient un petit enfant, à la fois émerveillé et fasciné par son interlocuteur « venu des

1. En mars 2017, le record de *spacewalk* est détenu par le Russe Anatoly Solovyev, avec pas moins de seize sorties extravéhiculaires, soit plus de quatre-vingt-deux heures dans l'espace. Sept ans plus tard, ce record reste imbattu.

étoiles». D'emblée, Lagerfeld vante le charisme, le look et la personnalité de Thomas; déplorant ses lacunes en matière scientifique, il ne cache pas son vif intérêt pour la conquête spatiale.

À la différence de ses prédécesseurs, souligne le célèbre créateur, le dixième spationaute français a su nous faire aimer l'espace et surtout nous faire rêver. «On le connaît et on le reconnaît», s'enthousiasme-t-il. À l'entendre, le passager de l'ISS aurait même inspiré la mode! S'improvisant journaliste, Karl Lagerfeld interroge alors le héros du cosmos sur son quotidien, son rythme de vie, son confort à bord de la station. «Ce qui m'intéresse, c'est la survie dans l'espace, commente-t-il avec une fausse ingénuité. S'habitue-t-on à flotter dans l'air? Vous évoluez vraiment comme un papillon qui vole?» Le grand couturier s'informe surtout de la qualité des repas et du rythme des journées à bord de l'ISS. Il se dit également impressionné par un homme qui parle sept langues, alors que lui n'en maîtrise que cinq. Thomas Pesquet lui répond qu'il en balbutie cinq et en parle vraiment deux. Fausse modestie ou non, le message passe.

Face à l'avalanche de questions de l'illustre «candide», Thomas Pesquet, comme à l'accoutumée, fait preuve d'un naturel et d'une humilité exemplaires. Après avoir expliqué qu'il dormait parfois au plafond et mangeait sur le pouce, le spationaute admet que la vie quotidienne à bord n'est pas une sinécure; elle serait même «plus proche du camping que du quatre étoiles». En bref, le voyage dans l'espace est un privilège, pas un luxe. Et de redire que sa mission n'a de valeur que s'il la partage avec un large public. Plus que spationaute, le Français se veut «ambassadeur de l'Humanité dans l'espace», selon ses propres mots. Son principal moteur:

sa soif inextinguible de découvertes. Plus que tout autre, le spationaute français rêve de s'aventurer dans des endroits encore inconnus et inexplorés…

Un cobaye dans l'espace

Pour clore l'entretien, le journaliste de France Info reprend la parole et interroge Thomas Pesquet sur son futur immédiat, à savoir son retour prochain sur la Terre, prévu pour le 2 juin. Dans cette perspective, le spationaute ne cache pas son désir de retrouver le plancher des vaches, ne serait-ce que pour prendre une bonne douche, mais aussi son intention de préparer intensivement son corps, passablement perturbé par l'apesanteur.

Pendant près de six mois, en l'absence de gravité, les muscles et les os ont en effet perdu de leur densité. Pour lutter contre ce phénomène, Thomas Pesquet et ses amis ont été contraints de pratiquer quotidiennement des activités sportives pendant près de deux heures et demie, tantôt du tapis roulant, solidement attachés au moyen d'un harnais de sécurité, tantôt du vélo d'appartement. À l'approche du retour sur la terre ferme, ces activités vont même s'intensifier, précise-t-il au journaliste. Pour se réadapter à la pesanteur terrestre, bien sûr, mais d'abord pour surmonter l'épreuve de la rentrée du vaisseau Soyouz dans l'atmosphère. Au cours de cet épisode dangereux qui n'excède pas quelques minutes, le corps, très sollicité, subit en effet une pression équivalente à au moins quatre fois son poids.

Par ailleurs, le retour sur Terre n'est pas synonyme de retour immédiat à la liberté de mouvement. En effet, sitôt extirpés de leur capsule, Thomas Pesquet et son compagnon deviendront les sujets d'une armada de scientifiques, impatients d'étudier leurs différents organes, leur sang, leurs artères et le fonctionnement de leur cerveau après six mois passés dans l'espace. « J'ai été un cobaye dans l'espace et je le resterai sur Terre », révèle notre spationaute. En somme, il restera un astronaute sous surveillance. Et de conclure qu'une fois rentré à la maison, son principal objectif sera de retourner dans l'espace.

L'aventure continue et ne s'arrêtera jamais…

Troisième partie

La mission alpha, ou la folle odyssée de SpaceX

« Toutes les civilisations deviennent spatiales ou s'éteignent. »

Carl Sagan, astrophysicien (1934-1996)

Quatre longues années séparent la première exploration de Thomas Pesquet dans l'espace de son second voyage. Après les cent quatre-vingt-seize jours de la mission Proxima, voici les cent quatre-vingt-dix-neuf jours de la mission Alpha. En tout et pour tout, plus d'un an en orbite basse qui va forger la popularité du jeune Normand. Sa révolution spatiale se double en effet d'une révolution sociétale. Soucieux de partager sa fantastique expérience sur les réseaux sociaux, le Français est devenu le premier aventurier de la science et surtout le pionnier d'une ère nouvelle : celle de la participation directe du grand public à cette aventure hors du commun.

L'homme qui rêvait de défier un jour les grands joueurs de basket de la NBA est devenu l'astronaute le plus populaire de France, sans pour autant avoir marché sur la Lune ou sur Mars. Tout simplement en partageant son amour de l'espace avec le plus grand nombre. Il a compris que l'exploration de l'univers n'est pas l'affaire de quelques élites triées sur le volet, mais bien une aventure qui concerne chacun de nous.

8

Un retour sur Terre triomphal

« La Terre est le berceau de l'Humanité. On ne peut rester éternellement dans un berceau. »

Konstantin Tsiolkovski (1857-1935), un des pères de l'astronautique soviétique

L'heure est solennelle. En ce vendredi 2 juin 2017 se referme la page de la mission Proxima. Après cent quatre-vingt-seize jours passés en orbite, deux sorties extravéhiculaires dans le vide spatial et cent dix-sept expériences scientifiques réalisées, le dixième spationaute français de notre histoire tire sa révérence à bord de l'ISS.

9 h 30 UTC. En compagnie d'Oleg Novitski, son acolyte de Baïkonour, Thomas Pesquet embrasse chaleureusement Peggy Whitson, puis enfile son scaphandre Sokol et se glisse à l'intérieur du cockpit du Soyouz. Partie avec Thomas le 17 novembre précédent, l'Américaine prolongera son séjour dans l'espace jusqu'au 3 septembre suivant. Entre-temps, depuis le mois d'avril et malgré l'incident du « Blanket Gate », elle est devenue commandante de l'expédition.

Étonnamment, les sièges sont réglés de façon à prendre en compte l'allongement du corps des astronautes au cours de leur voyage. Ils sont aussi moulés aux formes de leurs occupants, afin qu'ils puissent résister à l'accélération. Accroché au module Zarya, le vaisseau ressemble à un gros insecte piégé par l'ambre. Trois heures et demie le séparent alors de son retour sur la terre ferme.

Une traversée de l'atmosphère effectuée sans encombre

12 h 47, heure de Paris. Après plus de trois heures d'attente dans le cockpit du Soyouz MS-03, Oleg Novitski et Thomas Pesquet voient enfin leur vaisseau de 7 tonnes se détacher de la station et entamer sa longue descente vers notre planète. Dans les premières minutes, le vaisseau se sépare à raison de 15 centimètres par seconde, tout en continuant à tourner autour de la Terre à 28 000 km/h. L'orbite du Soyouz est modifiée environ deux heures après son désamarrage de l'ISS. Commence alors un périple d'un peu moins d'une heure non exempt de dangers.

De la séparation des modules[1] à l'allumage des rétrofusées, en passant par l'ouverture des parachutes, la plongée vers la Terre ne ressemble en rien à une promenade de santé. Les risques sont en effet multiples, à commencer par l'angle de pénétration du vaisseau Soyouz dans notre atmosphère. Qu'il soit trop grand et la fusée de Thomas peut exploser ; en revanche, un angle plus fermé et c'est l'assurance du trampoline et la longue dérive vers l'infini. Plus précisément, l'angle de rentrée est contrôlé par des petits moteurs d'orientation qui, si nécessaire, seront corrigés par l'un des deux passagers. En cas de problème technique, le vaisseau Soyouz adoptera une trajectoire dite balistique. La décélération subie sera alors bien plus difficile à supporter pour les cosmonautes : plus de huit gauss (G), soit deux fois plus de pression que lors d'une descente normale.

1. Thomas Pesquet et Oleg Novitski traversent notre ciel dans le seul module de descente. Le module orbital et le module de service sont largués avant la pénétration et retombent séparément dans l'atmosphère ; ils se consument en quelques secondes.

Une fois dans l'atmosphère, le vaisseau Soyouz, réduit au seul module de descente, n'est pas pour autant à l'abri de tout péril. Le frottement de l'air ionisé sur les parois de l'appareil élève dangereusement la température à près de 2000 °C. Au surplus, toutes les communications radio avec le sol sont coupées sur 80 kilomètres de descente. C'est le black-out, l'air est littéralement ionisé par la vitesse de l'engin.

À l'intérieur du cockpit, la température n'est pas moins étouffante. Il faut attendre que le Soyouz passe sous la barre des 40 kilomètres d'altitude pour rétablir le dialogue avec Thomas Pesquet et son collègue russe. Cette traversée de notre atmosphère, absolument coupée du monde, est sans doute l'instant le plus angoissant du voyage du retour.

Pendant plus de trois minutes, l'inquiétude règne au centre spatial de Baïkonour. À tout moment, le vaisseau peut exploser ou nos deux cosmonautes griller dans leur cockpit. Mais rien de cela ne se produit. Au grand soulagement des ingénieurs russes, une petite étoile brillante apparaît dans le ciel de la plaine kazakhe. C'est une grosse cloche de 2,24 mètres de hauteur: le module de descente de Thomas Pesquet et Oleg Novitski. Comme prévu, à environ 10000 mètres d'altitude, les deux plus petits parachutes de la fusée se déploient et freinent sensiblement la descente du vaisseau. Initialement portée à 28000 km/h quand le Soyouz s'est désamarré de l'ISS, sa vitesse tombe à 285 km/h à environ un quart d'heure de l'atterrissage.

Objectif Terre

16h01. Le vaisseau évolue désormais à 5500 mètres au-dessus du sol, une altitude inférieure à celle des plus hauts sommets de l'Himalaya. Les manœuvres s'accélèrent et s'enchaînent. Après l'éjection du bouclier thermique frontal, un immense parachute blanc et rouge de plus de 1 000 mètres carrés est alors ouvert pour ralentir encore la grosse cloche. Un vrai crash contrôlé : la vitesse n'excède plus 22 km/h. Là encore, en cas de non-déploiement du principal parachute, les ingénieurs de Baïkonour ont prévu une solution de secours : un autre parachute d'une surface de 570 mètres carrés.

À travers les hublots du module de descente, Thomas découvre l'immense steppe kazakhe. De couleur brun orangé, la plaine ressemble à s'y méprendre à celle d'une planète étrangère. À l'horizon, pas la moindre montagne, pas la moindre forêt. Le paysage est uniformément plat. Au sol, les deux cosmonautes du Soyouz devinent plus qu'ils ne voient une noria de véhicules. Il s'agit du comité d'accueil des deux ambassadeurs de l'espace. Les deux hommes ont le cœur serré, tant parce que leur voyage arrive à son terme que parce qu'ils redoutent quelque peu l'impact final. « L'atterrissage d'un Soyouz, c'est un peu l'équivalent de quelques tonneaux sur l'autoroute à pleine vitesse », confiera Thomas Pesquet lors d'une conférence de presse à l'aéroport de Karaganda.

À quelques dizaines de mètres du sol, le module actionne ses rétrofusées. La vitesse de l'engin est encore réduite : 2 à 3 mètres par seconde. Le contact avec la terre ferme se produit finalement avec une relative douceur, du moins en apparence : dans son autobiographie, Thomas Pesquet confie tout de même que l'impact est d'une grande violence. Le vaisseau effectue ainsi plusieurs tonneaux sur le sol avant de se stabiliser.

À 16 h 10 exactement, après trois heures et vingt minutes de voyage depuis la station, le Soyouz s'immobilise au milieu de la steppe kazakhe. Un nuage de fumée et de poussière s'élève alors sur la vaste plaine, tandis que dans le ciel des hélicoptères tournent au-dessus du minuscule vaisseau telle une nuée d'abeilles bourdonnant autour d'un pot de miel. Pendant ce temps, sur la plaine, des dizaines de personnes convergent déjà vers l'engin partiellement brûlé après sa traversée de l'atmosphère. Au cœur de toute cette effervescence, une évidence s'impose : Thomas Pesquet est de retour. Son triomphe est total.

En tout et pour tout, le dixième spationaute français aura passé 196 jours, 18 heures et 49 minutes dans l'espace et effectué 3 148 tours exactement autour de la Terre.

« Nous sommes tous immensément fiers de vous »

À peine extirpé de son étroit cockpit par les équipes de secours, Thomas Pesquet est assailli par une armada de micros. Secoué mais indemne, son visage semble fatigué et son regard perdu. Coiffé d'une casquette, il est encore sous le choc de son voyage et de son atterrissage. Malgré sa relative brièveté, le périple de la descente a été très éprouvant.

Engoncé dans son fauteuil spatial, le Français est incapable de faire un pas. Son corps ne s'est pas encore adapté au retour de la gravité. On lui tend alors un téléphone, objet anormalement lourd dans ses mains après six mois d'apesanteur. Le seul fait de parler est pour lui difficile car les muscles de sa mâchoire doivent eux aussi se réadapter à la gravité.

Après avoir conversé avec les membres de sa famille, et notamment sa femme Anne Mottet, son premier interlocuteur extérieur n'est pas un de ses collègues, ni même un scientifique ou un haut responsable de l'Agence spatiale européenne ; il s'agit du président de la République fraîchement élu, Emmanuel Macron. Ce dernier a suivi toute la descente du Soyouz depuis une salle du Cnes de Toulouse. Du même âge que Thomas Pesquet, à deux mois près, le jeune locataire de l'Élysée incarne encore une nouvelle vision du monde et entend renouveler le personnel politique, tout en refermant la page des clivages idéologiques. Selon lui, Thomas Pesquet est un modèle à suivre car il symbolise à la fois la rigueur, le dynamisme, l'excellence, le courage et la soif de découvertes dont tout Français devrait s'inspirer. Entouré des principaux responsables du Cnes, d'une poignée de spationautes français[1] et d'une noria de journalistes, le président semble tout aussi ému que son interlocuteur spatial. « Nous sommes immensément fiers de vous », le félicite Emmanuel Macron, avant de poursuivre :

« Vous nous avez fait rêver pendant tous ces mois, avec vos images, vos tweets. D'après le témoignage de vos collègues, vous avez été au-delà des 100 % d'objectifs sur la mission, vous avez coché toutes les cases.

— J'espère que mon aventure suscitera des vocations scientifiques chez les plus jeunes, répond simplement Thomas Pesquet.

— Depuis que vous êtes parti, il s'est passé pas mal de choses, mais on vous fera un brief complet en rentrant », s'amuse alors le nouveau chef de l'État.

Une réflexion qui déclenche un torrent de rires dans l'assistance. Puis le président Macron s'informe des prochaines étapes bien terrestres qui attendent notre héros de l'espace. « On va faire des examens médicaux et ensuite, je partirai dans la nuit à bord d'un avion affrété par l'ESA pour Cologne où des scientifiques et des proches m'attendent », lui répond le spationaute. Et de donner rendez-vous à son éminent interlocuteur le 19 juin, au prochain salon aéronautique du Bourget.

1. Parmi eux, Claudie Haigneré, qui a volé dans l'espace à deux reprises, en 1996 et en 2001. En 2002, la première et unique spationaute française à ce jour a entamé une carrière politique en occupant à deux reprises un siège de ministre.

« Nous sommes tous vraiment immensément fiers de vous », lui répète le président pour conclure. Thomas lâche alors son téléphone et saisit une craie pour apposer sa signature sur la carcasse du module à demi brûlé. Une initiative tout sauf burlesque : notre spationaute de trente-neuf ans souscrit là encore à une tradition bien ancrée dans l'histoire de l'astronautique russe.

De leur côté, le responsable de la mission et le président du Cnes ne tarissent pas d'éloges. « La mission de Thomas est un grand succès », déclare Sébastien Barde ; « Thomas Pesquet a permis au grand public de devenir acteur de la mission et a travaillé de façon remarquable », complimente à son tour le président Jean-Yves Le Gall.

On a marché sur la Terre

Porté sur son fauteuil spatial par deux techniciens russes, Thomas Pesquet a l'impression de peser plusieurs tonnes. Sous les acclamations de l'équipe de secours, le Français est mené sous une tente où l'on procède aux premiers tests médicaux. Son système cardiovasculaire est sensiblement dégradé, ses muscles ont fondu de 20 %, son cœur a diminué et il accuse des problèmes de vision. Au vu de l'état de ses artères, notre spationaute a bien pris vingt ans pendant son séjour orbital. Un état de santé qui n'a rien d'alarmant ou d'étonnant : le vieillissement accéléré n'a rien d'irréversible, au même titre que le phénomène des « jambes de poulet[1] » : Thomas recouvrera bientôt et ses vertes années et ses jambes d'athlète.

Dans l'heure qui suit, Thomas est transporté en hélicoptère à l'aéroport de Karaganda, toujours au Kazakhstan, où il répond aux questions de quelques journalistes, avant d'embarquer à bord d'un avion en

1. Voir p. 133.

partance pour l'Allemagne. Au cours de ses transferts, il est en permanence soutenu par deux personnes. « J'ai l'impression d'avoir des élastiques accrochés aux bras », commente-t-il amèrement.

Parvenu à l'aéroport militaire de Cologne au cœur de la nuit, vers 3 h 15 du matin, Thomas Pesquet est accueilli en digne héros et sous un tonnerre d'applaudissements par ses collègues de l'ESA et par son épouse, Anne Mottet. « Là-haut, Thomas a pris beaucoup de recul par rapport à ce que nous vivons au quotidien », déclare Anne à la presse au lendemain du retour sur Terre.

L'arrivée au Centre européen des astronautes (EAC) n'est pourtant pas synonyme de retour à la liberté. Juste après ce bain de foule, Thomas est en effet immédiatement pris en charge par une équipe de scientifiques qui l'emmènent dans les locaux ultramodernes de l'Envihad[1], le laboratoire de recherches du centre spatial allemand, toujours pour y subir une nouvelle série de tests et d'analyses. Comme Thomas le précisait sur les antennes de France Info le 5 mai précédent[2], une fois revenu sur le sol terrien, il reste un cobaye pour la communauté scientifique. Astronaute sous contrôle il était à bord de l'ISS, astronaute sous surveillance il reste dans les laboratoires de Cologne. « Après six mois passés dans l'espace, on les aide à réadapter le corps à la vie sur notre planète », explique le docteur Adrianos Golemis sur les ondes d'Europe 1.

Les examens médicaux doivent théoriquement durer trois semaines. Au cours des premiers jours qui suivent le retour, la réadaptation à la vie terrestre est en effet délicate. Peu à peu, Thomas Pesquet redécouvre ainsi les bruits, les odeurs, les couleurs, le plaisir de prendre

1. Par contraction des mots « Environnement » et « Habitat ».
2. Voir p. 123.

une douche ou de manger des yaourts ; comme quoi, si l'espace lui manque déjà, la vie sur Terre lui est aussi indispensable.

« Ma mission n'est pas encore terminée... »

Le lendemain même de son retour, Thomas Pesquet redevient vraiment un Terrien en essayant tout simplement... de s'habiller. Une entreprise délicate après six mois passés dans l'espace. Enfiler une chemise, mettre un pantalon ou ses chaussures, autant d'actes plus difficiles que de traverser un fleuve sur un pont de lianes ! Tous les gestes du quotidien deviennent de véritables travaux d'Hercule.

Malgré tout, le Français se réadapte très vite à l'environnement terrestre. Le mardi 6 juin, lors de sa première rencontre avec un parterre de journalistes à Cologne, Thomas Pesquet entame sa conférence de presse par ces mots : « Ça va très bien », tout en précisant que sa réadaptation au milieu terrestre n'est pas de tout repos et loin d'être achevée : « Le retour à la gravité est un peu difficile, mon équilibre est modifié... J'ai eu des vertiges les douze premières heures après mon retour, mais je suis de nouveau fonctionnel... » Il est devenu, insiste-t-il, le cobaye privilégié de l'Envihad : « Ma mission n'est pas encore terminée. » Pendant de longs mois encore, celui qui est devenu la coqueluche des Français va devoir subir toute une gamme de tests et d'examens médicaux. « J'ai dû louper la clause qui indique “ton corps appartiendra à l'ESA” dans le contrat[1]. » C'est là le prix à payer pour améliorer la condition physique des futurs astronautes en partance pour Mars.

1. Propos rapportés par Audrey Dufour, « La coopération internationale est une réalité dans l'espace », La-Croix.com, 6 juin 2017.

À l'heure du space blues

S'attardant sur le bilan de sa mission, Thomas Pesquet louange ensuite le professionnalisme et l'esprit de corps et de camaraderie de ses collègues. « À bord de l'ISS, nous formions une famille », précise-t-il aux journalistes, avant d'ajouter que l'aventure spatiale est vraiment le témoignage le plus direct de la coopération internationale. Et de fustiger la récente décision du président américain Donald Trump de ne pas ratifier l'accord de Paris sur le climat. « C'est irresponsable », s'indigne-t-il. Selon les propres mots de notre spationaute, la Terre est « un immense vaisseau spatial aux ressources limitées ». « On revient de la station avec cette conscience aiguë de la fragilité de la Terre », s'émeut-il.

Cette émotion, on la retrouve treize jours plus tard au Bourget, lors de l'ouverture du Salon international de l'aéronautique et de l'espace. Accueilli comme une rockstar par une foule en délire – et par quelques personnalités politiques comme Valérie Pécresse et Ségolène Royal –, l'homme en combinaison bleue prend la parole devant un public conquis d'avance. Depuis son retour de l'ISS, constate-t-il, il n'aspire qu'à y retourner. En orbite, « tout est tellement plus léger, tout est tellement facile ». Indéniablement, l'espace lui manque. « Là-haut on flotte, au retour on expérimente la lourdeur de son corps. On a perdu ses superpouvoirs. Donc on n'a envie que d'une chose, c'est de les récupérer. » Thomas a aussi l'impression d'avoir « abandonné » ses collègues, en particulier l'Américaine Peggy Whitson. La mission Proxima à peine achevée, il ne songe qu'à retourner là-haut.

Astronaute un jour, astronaute toujours…

9

Entre deux sauts vers les étoiles

« L'espace, c'est comme une drogue.
On devient accro à ces opérations, aux défis impossibles. »

Jean-Pierre Haigneré[1]

Le salon du Bourget de juin 2017 témoigne de l'extraordinaire notoriété de Thomas Pesquet. À la faveur d'une communication hors pair, l'homme qui voulait devenir un grand champion de basket a bien entamé sa carrière spatiale. Aux yeux du jeune public, le Normand a même la carrure d'un super-héros.

Après avoir pris un grand bol d'air dans les Hautes-Alpes au cours de l'été, il va pouvoir mesurer toute sa popularité, notamment au cours de différents meetings organisés dans sa Normandie natale. Bienvenue dans le « Pesquetland » !

Champion spatial des réseaux sociaux

À l'issue de sa mission Proxima, Thomas Pesquet est incontestablement devenu l'ambassadeur privilégié du monde des astronautes auprès des Français. Près d'un

1. Propos rapportés par Christel de Taddeo, « Le "space blues" de Thomas Pesquet après son retour sur Terre », Lejdd.fr, 4 juin 2017.

million et demi d'abonnés sur Facebook, plus de sept cent vingt mille followers sur Twitter et quatre cent soixante-quatre mille fans sur Instagram enregistrés à la fin de l'été 2017 : du jamais vu de mémoire d'astronaute. Seuls les rockstars ou les très grands sportifs peuvent s'enorgueillir d'avoir autant d'inconditionnels.

Passé maître dans l'art de la communication, notre spationaute de nouvelle génération lance même sa propre chaîne YouTube. Nous sommes le mercredi 4 octobre. Baptisée « Thomas Pesquet, ESA Astronaut », cette chaîne *made in space* est une première. Son objectif avoué est de dévoiler les coulisses de la vie des arpenteurs du cosmos, afin de mieux ancrer l'idée de conquête spatiale dans les consciences de tout un chacun. « Je vais essayer de vous montrer comment on s'entraîne, comment on se prépare pour une mission dans l'espace, annonce Thomas Pesquet. Ce soir au centre des astronautes européens à Cologne, en Allemagne et partout dans le monde. » Des centaines de photos sont ainsi diffusées sur le Web, même si Thomas ne se prétend ni reporter ni photographe. Son ambition, une fois encore, est de démontrer la nécessité et l'utilité de la conquête de l'espace. « On doit expliquer aux gens ce qu'on fait car on le fait pour eux et avec de l'argent public », confie l'explorateur français de la mission Proxima.

La Normandie à l'heure de l'espace

Tout juste une semaine après le lancement de sa chaîne, le mercredi 11 octobre 2017, c'est un Thomas Pesquet conquérant qui revient sur sa terre natale, à Rouen. Et l'accueil est proprement phénoménal. L'entrée du spationaute favori des Français dans la salle du Zénith, rythmée par un compte à rebours digne des meilleurs lancements spatiaux, se fait sur fond de musique électronique. Un triomphe digne d'un général romain victorieux pour le retour de « l'enfant des étoiles » ! Il ne manque que l'esclave lui susurrant à l'oreille qu'il n'est qu'un mortel…

Certes, Thomas Pesquet n'a repoussé aucune armée d'envahisseurs, mais il a conquis un vaste public. Sa passion du cosmos, cet autre monde, à la fois étrange et passionnant, il a su le partager pendant six mois à bord de la Station spatiale internationale. Aujourd'hui, de jeunes Terriens tiennent à lui rendre un vibrant hommage. Pour acclamer leur héros, plus de trois mille cinq cents fans sont venus de toute la Normandie, voire de la France entière. Parmi eux, des étudiants, des lycéens, des apprentis et des jeunes séduits par la personnalité du spationaute. Son physique d'acteur hollywoodien n'est pas non plus étranger à cette soudaine popularité. À n'en pas douter, s'il n'est que le dixième Français à avoir embarqué pour l'espace, Thomas Pesquet est le numéro un dans le cœur des Français. En ce 11 octobre, la salle du Zénith retentit de leurs clameurs et tous agitent des petits drapeaux frappés des couleurs normandes. Pour couronner le tout, le grand meeting est retransmis en direct dans l'ISS via sa chaîne YouTube.

Malgré toute cette agitation, Thomas fait toujours autant preuve de modestie et d'empathie. Il n'est d'ailleurs pas arrivé seul dans cette immense salle. Son ami et compagnon de route Oleg Novitski est de la partie ; le Russe s'étonne d'ailleurs d'une telle ferveur autour de son collègue, sans bien sûr s'en indigner. Ce culte, l'intéressé ne l'a pas désiré. Il n'en reste pas moins qu'en l'espace de quelques mois à bord de l'ISS, Thomas Pesquet est d'une certaine façon devenu le « Gagarine français » des cœurs et des esprits.

Le « Gagarine français »

Cette soirée du 11 octobre 2017 restera à jamais gravée dans la mémoire de Thomas Pesquet. Ce soir-là, il démontre en effet que l'espace est porteur d'avenir pour la jeune génération. Que l'on peut être l'idole de tout un peuple sans avoir accompli des exploits sportifs ou sans être un artiste renommé. Son triomphe, c'est avant tout celui de l'intelligence, de la modestie et de l'esprit de conquête et de découverte.

Dans la salle du Zénith de Rouen, les spectateurs ne s'y trompent pas. Dans une atmosphère de carnaval, après avoir raconté avec moult détails la vie quotidienne à bord de l'ISS à travers une petite vidéo, Thomas Pesquet répond avec simplicité et rigueur aux questions de ses admirateurs. S'attardant d'abord sur le métier d'astronaute, notre « Buzz l'Éclair national » souligne en particulier que trois conditions sont essentielles pour s'arracher à la Terre : être pourvu d'un solide bagage scientifique, maîtriser une ou deux langues étrangères et surtout savoir s'adapter à toutes les épreuves du quotidien.

Une jeune femme prénommée Madeline, professeure d'anglais à l'université de Rouen, lui demande s'il est d'accord avec Stephen Hawking qui prétend que l'Humanité est vouée à quitter la Terre et à vivre ailleurs. Thomas Pesquet ne s'inscrit pas en faux à cette perspective, bien au contraire. À l'instar d'Elon Musk, notre spationaute raisonne à long terme. Si, dans les premiers temps de l'ère spatiale, il s'agissait seulement d'explorer et de découvrir un univers inconnu, demain, dans un avenir plus ou moins proche, les hommes s'installeront durablement dans l'espace, y vivront en permanence dans d'immenses arches. À court terme, le Français croit fermement au retour de l'homme sur la Lune et au mythique voyage vers Mars. Mais plus encore que l'espace lointain, ce qui intéresse les explorateurs du cosmos, c'est la préservation de la vie sur notre planète. C'est même le but suprême de cette conquête : assurer le bien de l'Humanité, aussi bien sur notre Terre que sur les milliers de mondes habitables qui peuplent notre seule galaxie.

Enfin, un jeune blondinet se lève dans la foule. Il est élève de troisième dans un lycée de Saint-Lô. D'emblée, il avoue à son illustre interlocuteur qu'il est son héros. « Et vous, Thomas, demande l'adolescent, aviez-vous un héros dans votre enfance ? » Aucun poster d'astronaute, pas même celui de Gagarine, ne tapissait sa chambre de jeunesse, répond le spationaute. Loin du domaine spatial, il admirait surtout des joueurs de basket tels que Michael Jordan. « J'ajouterai que mon vrai et seul héros est dans la salle, c'est mon papa », finit-il par lâcher avec une petite larme à œil. Un dernier moment d'émotion qui emporte le public. Ainsi naît la « Pesquetmania »...

Rendez-vous avec la nostalgie

12 octobre 2017. Le lendemain de son show extraordinaire au Zénith de Rouen, Thomas Pesquet poursuit son pèlerinage normand en se rendant à Dieppe. Plus exactement au lycée Jehan-Ango, où il a passé son bac. « J'ai les jambes qui tremblent, j'y crois pas ! », s'enthousiasme une jeune fille en découvrant son idole. Des cris, des pleurs, des rires, Thomas déclenche encore une immense ferveur populaire. Dans tous les recoins du lycée, vêtu de son immuable polo bleu estampillé ESA, notre spationaute multiplie les accolades, les selfies et les entretiens privés. Il se retrouve aussi dans une salle comble pour prendre la parole devant un parterre d'enseignants – dont son ancien prof de maths – et d'élèves littéralement enthousiasmés par la venue de leur ambassadeur des étoiles.

Questionné sur sa scolarité, Thomas rassure quelque peu les jeunes qui ambitionneraient de caresser les étoiles : « J'étais plutôt bon élève, mais pas le super-crack avec 19,5 de moyenne au bac. Évidemment, il est important de bien travailler, mais toute votre vie ne sera pas écrite par vos notes au lycée[1]. » En d'autres termes, il n'y a pas de fatalité. Ce qui compte, c'est la volonté de réussir. « Rien n'est facile, mais tout est possible », ajoute-t-il : on croirait le slogan d'une agence spatiale.

Une fois encore, Thomas Pesquet fait un parcours sans faute, lâchant la petite blague au moment opportun et ne prenant jamais les gens de haut. Une prestance sans condescendance, tel est le secret du nouveau héros des étoiles. Le maire de Dieppe, Nicolas Langlois, ne tarit pas d'éloges sur l'enfant du pays : « Quand on est à Dieppe, on a la possibilité d'aller toucher les étoiles. »

Pour clore cette nouvelle journée mémorable, Thomas Pesquet reçoit un cadeau hors norme : un couteau confectionné par des artisans dieppois avec de l'ivoire de mammouth de Sibérie et des morceaux de météorite, à en croire ses créateurs. Tout un symbole.

« Des racines et des ailes »

8 novembre 2017. Le retour vers le passé n'en finit pas. Après Rouen et Dieppe, nous voici à Auffay, village d'enfance de Thomas Pesquet – aujourd'hui Val-de-Scie. Entre-temps, il s'est rendu à Toulouse pour participer aux journées de l'Association des explorateurs de l'espace. En l'espace d'un mois, il enchaîne ainsi les rendez-vous normands et déchaîne les passions des jeunes et des moins jeunes.

1. Propos recueillis par Jean-Christophe Lalay, « Thomas Pesquet voulait revoir sa Normandie », *Ouest-France*, 12 octobre 2017.

Dans les rues de la petite ville, où son portrait est brandi par des centaines d'enfants en liesse, on observe encore la même effervescence, les mêmes débordements d'amitié et d'admiration parmi la foule rassemblée. « Il disait déjà tout jeune qu'il voulait être pilote », raconte avec un air enjoué le maire d'Auffay. Bien entendu, l'enfant du pays a droit à tous les égards et à tous les honneurs. En récompense de son action et de sa réussite exceptionnelles, il est ainsi nommé « citoyen d'honneur » de la ville d'Auffay.

Dans l'après-midi, il inaugure aussi un jardin public portant son nom, l'« Espace Thomas Pesquet », un privilège que peu reçoivent de leur vivant. « Dans la vie, il faut avoir des racines et des ailes », lance alors « l'enfant prodige » aux nombreux officiels venus le féliciter. « Nous sommes une grande région de conquérants, depuis Guillaume jusqu'à Thomas Pesquet, ajoute Catherine Morin-Desailly, sénatrice de Seine-Maritime. Et Thomas Pesquet, c'est notre fierté à tous. »

Rendez-vous au Jules Verne

22 décembre 2017. La comète Pesquet est inarrêtable. « La France a besoin de héros », déclarait le 8 novembre précédent, à Auffay, Catherine Morin-Desailly. En cette période de fêtes, Thomas Pesquet est incontestablement la star de l'année. Chaque meeting du spationaute est en effet un événement médiatique et se transforme en bain de foule incontrôlable.

Cette fois, le héros des étoiles ne va pas à la rencontre de son public, mais de ses collègues de l'espace, pour un déjeuner de prestige dans un restaurant non moins prestigieux : le Jules Verne de la tour Eiffel. Le chef cuisinier Alain Ducasse y a réuni tous les spationautes français qui ont goûté aux joies et aux méfaits de l'apesanteur pour un repas de gala inoubliable. Parmi eux, Claudie Haigneré et son mari Jean-Pierre, mais aussi Michel Tognini, Jean-François Clervoy et le premier d'entre eux, Jean-Loup Chrétien. Ce dernier a effectué son premier vol dans l'espace en juin 1982, trente-cinq ans tout juste auparavant.

Parmi tous les spationautes présents, seul semble manquer Patrick Baudry, le deuxième Français à s'être envolé pour l'espace, en juin 1985, à bord de la navette américaine *Discovery*. Ayant suivi Thomas à bord de l'ISS depuis sa ville de Morlaix, le premier spationaute français de l'Histoire ne cache pas son admiration pour son si populaire successeur : « Si son aventure a tant excité le commun des mortels, c'est grâce à son talent pour faire partager son émerveillement, en plus de la volonté de l'ESA de réveiller la population, plutôt endormie ces dernières années sur le programme des vols habités[1]. »

Pour la circonstance, Thomas Pesquet a troqué son immuable combinaison bleue contre un costume cravate. Parmi ses anciens camarades de l'espace, il retrouve notamment Jean-François Clervoy, l'un de ses quatre sélectionneurs de l'année 2009. Ayant intégré le corps des astronautes dès l'année 1992, il totalise alors 675 heures dans l'espace, après avoir réalisé trois vols à bord des navettes américaines *Atlantis* et *Discovery*. À l'époque, confie cet astronaute de cinquante-neuf ans, il avait été conquis par la personnalité extraordinaire de Thomas, surtout par l'éventail de ses passions et de ses hobbies, un atout l'incitant à la plus grande discipline et à la plus grande rigueur. « Du parachutisme à la plongée,

---

1. Propos rapporté par Isabelle Lesniak, « Thomas Pesquet, le retour sur Terre », *Les Échos*, 22 décembre 2017.

je savais que j'avais affaire à une personne de confiance», confie-t-il.

De son côté, Thomas dialogue d'autant plus volontiers avec son ex-sélectionneur qu'il envisage très prochainement de piloter l'Airbus A310 Zéro-G. Jean-François Clervoy est en effet le directeur de Novespace, filiale du Cnes basée à l'aéroport de Bordeaux-Mérignac qui organise régulièrement des vols paraboliques pour goûter aux joies de la microgravité. L'espace d'une vingtaine de secondes, les passagers du Zéro-G flottent littéralement dans leur cabine. Des expériences hors normes ouvertes même au grand public, pour la modique somme de 6000 euros...

En apesanteur dans le ciel de France

19 février 2018. En attendant de retourner gratter les étoiles, Thomas Pesquet retrouve quelque peu l'ambiance spatiale en réalisant un autre rêve: piloter un Airbus A310 de la société Novespace. Un exercice loin d'être évident, même pour un ancien élève de SupAéro.

Pendant le mois précédant son envol, tout astronaute qu'il est, Thomas a dû subir un entraînement au sol sur simulateur. Une fois aux commandes du fameux avion, il doit même partager ses responsabilités avec deux autres navigateurs. Comme le précise Denis Granjou, l'Airbus Zéro-G nécessite la présence permanente de trois pilotes dans le cockpit. «C'est le seul vol dans lequel un trio de pilotes dirige un même appareil. Le premier doit piloter "vers l'avant", le deuxième doit veiller au maintien latéral de l'appareil et le troisième a pour mission de mettre les gaz. L'avion s'élève dans le ciel avec un angle de 47 degrés et une force de 1,8 kilo s'exerce alors sur les passagers qui pèsent donc 1,8 fois leur poids. Ce chiffre correspond exactement à celui de l'accélération au décollage que ressentent les astronautes de la fusée Soyouz. Dès que l'angle est atteint, l'avion réduit les gaz et tout ce qui se trouve à l'intérieur est en situation de chute libre[1]. »

Le quatrième jour, 19 février, Thomas Pesquet ne résiste plus aux sirènes de l'apesanteur. Abandonnant momentanément son cockpit, il rejoint la quinzaine de passagers payants pour renouer avec ses sensations spatiales. L'espace de quelques minutes, il revit ses six mois d'expérience orbitale, avec cette curieuse sensation d'être surpuissant. En attendant, il ne sait pas encore s'il repartira dans l'espace. C'est pourtant son désir le plus cher.

« Rendez-vous en Terre inconnue »

En attendant de retrouver un jour les joies de la vie en orbite, voire de marcher sur la Lune, Thomas Pesquet continue à arpenter la France en tous sens, à multiplier les interviews et à répondre à toutes les invitations. Il participe aussi à des émissions plus ou moins fantaisistes, très éloignées du milieu spatial. L'une d'elles a particulièrement marqué les téléspectateurs : c'est « Rendez-vous en terre inconnue », le reportage phare de Frédéric Lopez diffusé sur France 2 le 5 décembre 2018. Un record d'audience pour l'émission, en pleine crise des Gilets jaunes…

En cette fin d'automne, notre explorateur de l'espace se rend compte qu'il ne suffit pas de s'affranchir de la pesanteur et de scruter le fin fond de l'univers pour découvrir de nouvelles terres. L'isolement, l'inconnu et le dépaysement, on peut aussi les trouver sur notre

1. Denis Granjou, *Thomas Pesquet*, *op. cit.*

planète. Et cette émission en est la preuve. Se déplaçant « en aveugle » – c'est le principe de l'émission –, le « héros des Français » est ainsi transféré au bout du monde, dans un endroit dont il ignore tout. « C'est la première fois que je prends l'avion les yeux bandés avec un casque sur les oreilles », s'amuse-t-il. Il ne le sait pas encore, mais sa destination est le nord de la Colombie, dans la Sierra Nevada, plus précisément chez les Indiens Kogis. « Un peuple hors du commun qui a une relation exceptionnelle avec la nature, avec l'espace et avec l'univers », lui confie Frédéric Lopez dans l'avion qui les transporte de l'autre côté de l'Atlantique. « Les Kogis vivent encore en autarcie, ils sont naturellement très méfiants », poursuit l'animateur.

Une fois sur place, Thomas prend garde à ne pas heurter ses hôtes, rencontre un chaman kogi et se soumet au rite indien. Il fait ainsi un tour sur lui-même, comme le lui conseille le chaman. Parvenu ensuite dans le village de huttes accroché à flanc de montagne, il fait figure de grand mage descendu des étoiles… Les Kogis, eux, vénèrent la terre nourricière. « On ne mange que ce que la Terre mère nous donne », raconte une vieille femme tout habillée de blanc, comme l'ensemble de son peuple. La fusion totale avec la nature : une idée qui emporte immédiatement l'adhésion de notre astronaute écolo. En compagnie des Indiens, Thomas Pesquet et Frédéric Lopez descendent dans la vallée et participent aux travaux des champs tels que la coupe de la canne à sucre à la machette. Aux dires de son guide, Thomas apprend très vite. Une adaptation rapide qui n'a rien de surprenant pour un homme rompu aux stages de survie dans des conditions extrêmes.

Au soir de son premier jour au milieu des Kogis, devant tous les villageois rassemblés et accroupis en cercle autour de lui, Thomas explique qu'il mène des expériences pour mieux préserver la planète, sans évoquer son dernier bond dans l'espace. Dès le lendemain, il aide la communauté kogi à édifier un impressionnant pont de bois au milieu de la vallée. Auparavant, le chaman a consulté les esprits de la nature pour obtenir leur aval. Le soir même, les Indiens dansent pour remercier la Terre-mère de ce qu'elle leur a donné. Thomas Pesquet participe à ce rite en effectuant des pas de danse plus ou moins hasardeux.

Force, harmonie, équilibre, tel est le credo du peuple kogi. Les Indiens n'hésitent pas à mettre en garde leurs deux visiteurs contre l'exploitation abusive des richesses naturelles de notre planète. « Tout ce qui est enfoui dans le sol, il ne faut pas y toucher », s'insurge le chaman. D'après lui, le réchauffement climatique est l'expression légitime de la colère de la nature. « Si on aide la terre, alors la terre nous le rendra », réaffirme-t-il.

Ce respect quasi religieux de la nature suscite l'admiration de Thomas Pesquet, qui n'hésite pas à déclarer à ses hôtes : « Vous la regardez de très près ; nous, on le regarde de très, très loin, grâce à nos télescopes et à nos satellites. » Selon le spationaute français, la sacralisation de la nature ne va pas nécessairement de pair avec la diabolisation de la technologie. Cette idée de mariage entre l'écologie et la science, un entrepreneur de génie la partage, un certain Elon Musk, son futur patron…

10

L'appel de SpaceX

« Tout ce qu'un homme est capable d'imaginer, d'autres hommes seront capables de le réaliser. »

Jules Verne, lettre à son père

Le 22 janvier 2019, Frédérique Vidal, ministre de l'Enseignement supérieur, de la Recherche et de l'Innovation, annonce le retour probable de Thomas Pesquet dans l'espace. Tout juste un an et demi plus tard, le 28 juillet 2020, le spationaute français annonce sur son compte Twitter qu'il redécolle pour l'ISS à bord d'un vaisseau Crew Dragon, un véhicule spatial réutilisable et entièrement conçu par la société privée SpaceX.

Quelques semaines plus tôt, le 30 mai 2020, le véhicule Crew Dragon a été satellisé avec succès par la fusée Falcon 9. À son bord, les astronautes Doug Hurley et Bob Behnken, deux vétérans de la navette spatiale. Ce premier vol privé spatial habité, très médiatisé, a été un succès total. Pour la première fois depuis neuf ans, une fusée américaine a mis en orbite des astronautes américains ; l'Amérique se libérait ainsi du cordon russe.

Le fondateur de cette entreprise hors normes veut décrocher Mars avant l'année 2025[1] : un défi prométhéen. Cet homme s'appelle Elon Musk. Son ambition à long terme est de transformer l'Humanité en espèce multiplanétaire. La rencontre du natif de Rouen avec le natif de Pretoria, c'est un peu l'alliance entre le Tom Cruise de l'espace et le Wernher von Braun du futur : un mélange détonant. Quand l'un veut marcher sur la Lune, l'autre veut mourir sur Mars !

Rencontre avec l'étoile montante de l'astronautique

Falcon 9, Crew Dragon, Spaceship, Model 3, Hyperloop : tous ces noms sont sortis du cerveau d'un seul homme : Elon Musk. En l'espace de vingt ans, cet ex-Sud-Africain a transformé le futur en tremplin de notre imaginaire. Sans compter ses prouesses en matière spatiale, notre autodidacte surdoué a mondialisé le marché de la voiture électrique, envisagé un train plus rapide que l'avion et exploré les sentiers scabreux de l'intelligence artificielle. Un vrai personnage de science-fiction.

Contrairement à ce que l'on pourrait croire, cet innovateur génial à qui tout semble réussir ne court pas après l'argent, ni même après la gloire. Non, il entend être un modèle à suivre, le chef de file d'une nouvelle génération d'entrepreneurs ayant une foi inébranlable en l'avenir. Ses seules limites sont celles de son imagination. Depuis sa prime enfance, Musk est resté fidèle à ses pulsions et à ses passions, à savoir les microprocesseurs, les fusées, les jeux vidéo et la littérature de science-fiction. Depuis, il

1. Cette date a été considérablement décalée depuis l'année 2020. Sans doute le premier vol humain vers Mars n'aura-t-il pas lieu avant l'année 2030.

n'a cessé de relever les défis et, à raison de cent heures de travail par semaine, d'agrandir le champ des possibles.

Un zeste de chance, une cuillerée d'audace et un grand bol de travail, telle apparaît la recette du succès d'Elon Musk. Une grande aventure sociale commencée dès l'année 1988. À l'âge de dix-sept ans, bravant les autorités de Pretoria, l'homme qui lorgne vers Mars quittait en effet sa terre natale pour ne plus jamais y retourner. Autodidacte patenté, il part seul sur la route du Nouveau Monde, vit de petits boulots au Canada et fonde sa première start-up en Californie à l'âge de vingt-quatre ans, Zip-2. Pressentant l'irruption prochaine d'Internet, il privilégie ainsi le développement d'un annuaire en ligne. Un premier pari gagnant.

En mai 2002, au seuil de ses trente et un ans, Elon Musk décide de monter sa propre société spatiale privée, SpaceX, après le refus des Russes de vendre leurs anciens missiles balistiques. Visionnaire plus que révolutionnaire, il n'entend pas inventer de nouvelles fusées, mais une nouvelle façon de lancer ses vaisseaux spatiaux, tout simplement en les réutilisant. Les lancer puis les récupérer pour mieux les réexpédier, comme de simples avions : une idée aussi simple que novatrice en matière spatiale. En un mot, il s'agit de rendre les voyages spatiaux aussi anodins que les trajets aériens.

Trois ans durant, entre 2005 et 2008, alors que personne ne croit à son avenir de conquérant de l'espace, Elon Musk lance plusieurs fusées depuis un îlot perdu dans le Pacifique. Après trois essais infructueux, il décroche la poule aux œufs d'or le 28 septembre 2008. Ce jour-là, sa fusée Falcon s'élève dans le ciel et atteint son orbite de vol au terme de neuf minutes d'ascension. Il était temps car SpaceX était au bord du gouffre. C'est alors qu'il devient le partenaire officiel de la Nasa.

À l'aube de ses quarante-neuf ans, le 30 mai 2020, le patron de SpaceX réussit donc le premier vol habité d'une société privée vers l'ISS. Sans être ingénieur en astronautique, Elon Musk vient de révolutionner la conquête spatiale. Thomas Pesquet, tout le premier, n'a pas perdu une seconde de ce vol historique…

Deux surdoués qui réveillent le rêve spatial

Thomas Pesquet et Elon Musk, deux hommes qui partagent les mêmes rêves. L'un rend l'espace attractif; l'autre entend y transporter toute l'Humanité. Le premier est astronaute, ingénieur et bardé de diplômes; le second est un autodidacte patenté mais doué d'une volonté, d'une énergie et d'une imagination débordantes. Elon Musk a relancé la conquête spatiale en replaçant l'homme au cœur de l'exploration du cosmos. D'après lui, la jeune génération a besoin de nouvelles frontières, de nouveaux défis. Ce qui l'intéresse, ce sont moins les sondes lointaines qui explorent des planètes étranges que des expéditions spécifiquement humaines auxquelles ils peuvent s'identifier. Le 30 mai 2020, le public ne s'y est pas trompé. Pour un simple vol spatial habité reliant Cap Kennedy à l'ISS, plus de cinq cent mille personnes se sont massées autour du célèbre centre spatial floridien, comme au plus beau temps de l'odyssée Apollo.

Dans cette version « New Space », tout a vraiment été refait à neuf. De l'intérieur des cabines aux combinaisons des astronautes, tout frappe l'imagination des jeunes téléspectateurs. À l'intérieur de la capsule Crew Dragon, qui semble sortie directement d'un épisode de *Star Wars*, des sièges noirs en fibre de carbone. Mais surtout, boulons, câbles et interrupteurs ont disparu au profit d'écrans tactiles. Tout y est absolument automatisé et le véhicule est autonome[1]. Sa coque elle-même est révolutionnaire ; elle est recouverte de cellules photovoltaïques, lesquelles ne sont pas déployées mais collées au fuselage. Pour couronner le tout, les passagers du Crew Dragon auront tout le temps d'observer la beauté de notre planète à travers d'immenses hublots. Nous voilà à des années lumière de l'exiguïté et de la vétusté des cabines Soyouz, où l'équipage a vraiment l'impression d'être prisonnier de sa cabine.

Les combinaisons des astronautes elles-mêmes semblent tout droit sorties d'un album de *Blake et Mortimer*. Avant de conquérir l'espace, pense le fondateur de SpaceX, il faut conquérir les cœurs et les âmes. Ce message, Thomas Pesquet y est particulièrement sensible. La tenue futuriste des astronautes du Dragon, conçue par le costumier hollywoodien José Fernandez, le ravit. Il a surtout hâte d'essayer leurs gants tactiles et de chausser leurs grandes bottes noires.

En attendant la mission Alpha

Avant même d'annoncer qu'il va voler sur un vaisseau de SpaceX, Thomas Pesquet, tradition française oblige, demande une fois encore à ses fans de trouver un nom pour cette seconde mission spatiale d'anthologie. Une initiative couronnée de succès. En l'espace de quelques semaines, près de vingt-sept mille propositions lui parviennent. Après Proxima, Thomas s'arrête sur le nom d'Alpha, proposé par une Girondine originaire de Mios, Christelle de Larrard, passionnée d'astronomie. Elle est désignée comme la grande gagnante du concours.

1. L'équipage est contrôlé depuis le centre de SpaceX. En cas de panne, les pilotes peuvent s'éjecter eux-mêmes et la capsule sera détruite depuis le sol.

Alpha ? Encore une référence à une étoile de la constellation du Centaure. Elle est même la principale composante d'un système stellaire triple, le plus proche du nôtre. De même taille que notre Soleil, Alpha du Centaure, une naine jaune visible uniquement dans l'hémisphère Sud, campe à un peu plus de quatre années lumière – environ 40 000 milliards de kilomètres. En comparaison, la taille de notre Système solaire est dérisoire : pas plus de 5 milliards de kilomètres de rayon. Si tout se passe pour le mieux, nos sondes d'exploration les plus lointaines dépasseront l'orbite d'Alpha du Centaure d'ici quelques dizaines de milliers d'années… au plus tôt.

Outre la référence au système stellaire le plus proche, la lettre grecque *alpha*, très utilisée en mathématiques, est souvent synonyme d'excellence, « cette excellence que nous cherchons à atteindre dans l'exploration spatiale », insiste notre spationaute. Enfin, « Alpha » est facile à prononcer dans toutes les langues. Et surtout, il s'agit de l'ancien nom de l'ISS. Quant au design du logo, il représente en son milieu une fusée Falcon 9 en train de décoller. Les lettres ALPHA se détachent sur un fond gris où brillent en arrière-plan une dizaine d'étoiles, correspondant chacune aux spationautes français ayant volé dans l'espace depuis une petite quarantaine d'années.

Incontestablement, l'échéance du deuxième voyage de Thomas Pesquet se rapproche. À compter du 16 mars, notre héros normand apprend même une grande nouvelle : une fois n'est pas coutume, à partir du 4 octobre 2021, un Français va commander l'équipage de la Station spatiale internationale, cinq mois et demi environ près son embarquement à bord de l'ISS. Au micro de France 2, Thomas ne cache pas sa joie : « C'est comme sur un bateau, je serai le seul maître à bord ! », s'exclame-t-il.

Bienvenue à Cap Kennedy

Pour la première fois depuis sa mise en service, la Station spatiale internationale va donc être commandée par un Français, et cet homme n'est autre que Thomas Pesquet. Il peut aussi s'enorgueillir d'être le premier de nos compatriotes, sinon le premier Européen à embarquer à bord d'une capsule Crew Dragon. Le 21 avril 2021, notre commandant désigné doit décoller de Cap Kennedy avec trois autres astronautes, deux Américains et un Japonais. Parmi eux, Shane Kimbrough, une vieille connaissance. Quatre ans plus tôt, en 2017, lors de la mission Proxima, l'Américain a effectué deux sorties extravéhiculaires spectaculaires avec le Français.

L'autre astronaute américain est une femme, Megan McArthur. Cette océanographe de quarante-neuf ans a participé en l'an 2009 à une mission spatiale cruciale pour réparer le télescope Hubble. Elle est l'épouse de Bob Behnken, l'illustre astronaute qui a embarqué le 30 mai 2020 à bord du premier Crew Dragon habité affrété par SpaceX. Dernier compagnon de route de Thomas, le Japonais Akihiko Hoshide n'est pas un néophyte. Avec trois EVA à son actif, il est même l'astronaute le plus capé de notre équipage. À titre de reconnaissance pour son travail, l'astronaute nippon a d'ailleurs été désigné prochain commandant de l'ISS à compter du 24 avril.

Le vendredi 16 avril 2021, l'avion de Thomas Pesquet et de ses trois amis survole Cap Kennedy, une zone de plus de 58 000 hectares où travaillent plus de treize mille personnes, réparties sur près de sept cents sites. Le Français ne peut contenir son émotion. C'est en effet de Cap Kennedy qu'ont décollé les immenses fusées des missions Apollo, qui ont transporté douze hommes sur la Lune entre les années 1969 et 1972. « J'ai l'impression d'être comme un gamin qui découvre cet endroit mythique », déclare Thomas devant le micro tendu par un journaliste de France 2. À la différence de Baïkonour, qui utilise toujours le même type de fusées depuis le vol de Gagarine, Cap Kennedy représente la pointe de la modernité. Ne serait-ce que la fusée révolutionnaire d'Elon Musk.

Avec ses trois camarades de l'espace, le Français découvre le pas de tir et la fameuse Falcon 9, qui doit mettre le véhicule Crew Dragon en orbite. Une nouveauté par rapport à Baïkonour, où les cosmonautes ne découvrent leur vaisseau que quelques heures avant le décollage. Dans ce paysage hérissé de tours de lancement, le bâtiment le plus impressionnant est sans conteste le Vehicle Assembly Building, où furent assemblées les anciennes fusées géantes Saturn V. Considéré comme l'un des plus volumineux buildings au monde – environ 3 612 000 mètres cubes –, cet édifice hors normes couvre une superficie de plus de 32 000 mètres carrés et se présente comme un immense cube blanc taché de gris, sans fenêtres et haut comme la moitié de la tour Eiffel…

Tout comme dans la base russe de Baïkonour, les astronautes présents doivent se plier à un certain nombre de traditions avant de décoller de la terre ferme – haute technologie et superstition font souvent bon ménage. « D'abord, il faut écrire son nom sur la fusée, ensuite choisir son plat préféré. Thomas se fera servir un poulet grillé avec de la purée. Puis vient la partie de cartes. On serait tenté de la comparer à la célèbre partie de cartes de Marcel Pagnol, mais dans le Kennedy Space Center il faut que l'équipe en partance batte aux cartes un des responsables de la base spatiale. Et on ne quitte pas le bureau tant que la victoire n'est pas proclamée! La sécurité n'est pourtant jamais loin car s'ensuit une nouvelle vérification de la combinaison. Puis chaque astronaute doit écrire son nom sur le mur, près du pas de tir. Enfin, les quatre astronautes doivent impérativement s'équiper d'une “Gravity Indicator”. Il s'agit d'une peluche qui indique que la capsule est en apesanteur quand elle se met à flotter. Thomas et son équipe ont opté pour un pingouin. Et pas n'importe lequel: le doudou appartient au petit garçon d'Akihiko[1]... »

Pour parfaire le tout et ne pas déroger à la tradition, la date de lancement est systématiquement différée. Initialement prévu pour le 21 avril, l'envol de la fusée Falcon 9 est repoussé au lendemain, puis au vendredi 23 avril à 5 h 49. À chaque fois, les mauvaises conditions climatiques sont jugées responsables de ces reports.

1. Denis Granjou, *Thomas Pesquet*, *op. cit.*

11

Cent quatre-vingt-dix-neuf jours dans l'espace

« Si l'Humanité veut avoir un avenir à long terme, il faut que son horizon dépasse celui de la planète Terre. Il n'est pas possible que nous continuions à nous regarder le nombril et à miser sur une planète surpeuplée et de plus en plus polluée… »

Stephen Hawking,
Sciences et Avenir, novembre 2007

Jeudi 22 avril 2021. À la veille de repartir pour le cosmos, fût-ce dans la banlieue de notre Terre, Thomas Pesquet a le cœur serré. À la différence de la mission Proxima, le Français ne s'élance plus à l'assaut d'un univers inconnu « la fleur au fusil » ; il est désormais conscient de ce qui l'attend. Loin de ressembler à un séjour agréable et détendu dans un Club Med de l'espace, l'expérience spatiale à bord de l'ISS est avant tout une épreuve permanente où chacun de vos gestes est scruté et analysé par une armada de techniciens – sans compter les centaines de milliers d'internautes –, une vie communautaire où l'on n'a pas le droit d'être défaillant, de peur de mettre en péril la survie même du groupe… Et, d'après Thomas, la mission Alpha devrait être plus dure, surtout sur le plan mental, que l'expérience spatiale précédente. « On sait quand ça va faire mal, quand ce sera long, quand ce sera difficile », confie-t-il[1].

« Good luck and Godspeed[2] »

Le vendredi 23 avril 2021, c'est le jour J. Pour la circonstance, à l'exemple des astronautes du vol historique du 30 mai 2020, le Français et ses trois acolytes ont revêtu la fameuse combinaison spatiale rétrofuturiste imaginée par José Fernandez. Au même titre que le 17 novembre 2016, c'est une nouvelle date mémorable dans la vie de Thomas Pesquet : le départ d'une seconde mission spatiale, un privilège que partagent peu d'arpenteurs du cosmos.

Il est 5 h 30, heure locale, 11 h 15 à Paris. Depuis huit minutes, la passerelle a été retirée et les astronautes sont maintenant isolés et livrés à eux-mêmes. À 5 h 12, à un quart d'heure du décollage, le système d'éjection de la capsule a été armé. On va procéder au remplissage des réservoirs en oxygène liquide (-183 °C).

Les astronautes ne sont pas tout à fait coupés du monde. Leurs cagoules sont munies de deux écouteurs et de deux micros qui leur permettent de communiquer entre eux et avec le contrôle. Le commandant Thomas Pesquet est concentré à l'extrême. Tous les gestes qui vont suivre, il les a répétés une centaine de fois lors de ses entraînements au sol. Les conditions de préparation pour ce second vol ont d'ailleurs été particulièrement difficiles, en raison des restrictions consécutives à

1. Propos recueillis par Pierre Barthélémy, « Thomas Pesquet paré pour un nouveau décollage », *Le Monde*, 17 avril 2021.
2. « Bonne chance et bon vent », formule rituelle prononcée avant chaque décollage de fusée de la Nasa.

l'épidémie du Covid 19. Tous les commentateurs sont eux-mêmes masqués.

5 h 49. En pleine nuit, la Falcon 9 décolle de Cap Kennedy à l'instant prévu, dans un tonnerre de feu. Pourvue de ses neuf moteurs Merlin, la fusée de SpaceX s'élève dans le ciel noir de Floride en moins d'une minute à la vitesse initiale de plus de 1 500 km/h, sous la forme d'une incroyable boule de lumière. Les observateurs restés au sol ont alors la curieuse sensation de voir monter un soleil dans l'obscurité la plus totale.

À 94 kilomètres d'altitude, les moteurs du premier étage s'éteignent, alors que la fusée dépasse les 6 500 km/h. Au terme d'un peu plus de deux minutes et demie de vol, le booster se détache du reste de la fusée et dérive lentement vers le bas, déploie ses panneaux de stabilisation aérodynamiques et revient sur Terre comme il se doit. Le premier étage, censé atterrir sur une barge, est appelé à être réutilisé lors d'une prochaine mission : c'est la particularité de l'astronautique version SpaceX.

Pendant ce temps, le second étage allume son unique moteur Merlin. Au grand soulagement de l'équipe, cette opération délicate de séparation des étages est couronnée de succès. On applaudit à tout rompre. Quelques secondes plus tard, Thomas Pesquet et son équipage dépassent la ligne de Karman – limite entre notre atmosphère et l'espace – et se retrouvent dans l'espace interplanétaire. Des images magnifiques de notre planète bleue inondent alors les écrans au sol, suscitant toujours la même émotion.

En orbite !

À 197 kilomètres au-dessus de la surface terrestre, la Falcon 9 se stabilise et atteint sa vitesse de croisière, près de 28 000 km/h. C'est maintenant le début d'une longue course-poursuite vers l'ISS, un périple de près de vingt-quatre heures autour de notre Terre avant d'atteindre l'orbite et l'emplacement de la station spatiale. En à peine deux heures, leur vaisseau accomplit un premier tour autour de la planète bleue. À quelque 200 kilomètres d'altitude, les quatre astronautes de la mission Alpha peuvent admirer le cap de Bonne-Espérance et la pointe de l'Afrique du Sud, pays natal d'Elon Musk.

En dépit du magnifique paysage, tout drame n'est pas écarté. À tout moment, le Dragon peut croiser la route d'un débris spatial. Les dégâts pourraient alors faire avorter la mission. À 19 h 43 précises, heure française, une alerte à la collision est ainsi donnée depuis le centre de Houston. Thomas et ses équipiers enfilent immédiatement leurs casques et sont littéralement cramponnés à leurs sièges. Ils fixent l'horizon droit devant eux, dans l'attente du pire. Heureusement, plus de peur que de mal. L'information sur les risques de collision se révèle erronée. L'aventure continue sans encombre…

Environ vingt-trois heures après le décollage de Cap Kennedy, le vaisseau de SpaceX s'immobilise à environ 220 mètres de la Station spatiale internationale. Ces dernières minutes de vol constituent à n'en pas douter le moment le plus délicat du périple. Les moteurs du Dragon sont maintenant éteints et les ultimes manœuvres avant l'arrivée à bon port sont entièrement automatisées. C'est la phase de « *hard capture* », où l'approche de l'ISS s'opère mètre par mètre, voire centimètre par centimètre, à la vitesse de 28 000 km/h. L'amarrage final est alors opéré et sécurisé par une douzaine de verrous surpuissants, lesquels rattachent solidement le vaisseau de SpaceX au module Node 2. Le 24 avril 2021, à exactement 11 h 22, heure de Paris, c'est chose faite ; le vaisseau Crew Dragon est amarré à notre grande maison de l'espace. « *Hard capture* terminée, bienvenue à Crew2 », annonce l'astronaute américaine Shannon Walker, astrophysicienne de profession et présente à bord de l'ISS depuis le 17 novembre 2020 à l'occasion, déjà, d'un vol du Crew Dragon.

La Station spatiale internationale se trouve alors à la verticale de l'océan Indien, à environ 424 kilomètres d'altitude. Les quatre astronautes de SpaceX doivent patienter encore deux bonnes heures avant l'ouverture du sas (le temps d'en vérifier l'étanchéité) et les grandes retrouvailles avec l'équipage de la station spatiale. Celles-ci s'effectuent à 13 h 45 dans une atmosphère de fête. Le comité d'accueil est exceptionnel ; pas moins de sept astronautes. Akihiko Hoshide est le premier à montrer sa tête. Il sera le nouveau commandant de l'ISS à compter du 1er mai. À cette occasion, Shannon Walker fera officiellement la passation des pouvoirs en lui offrant une imposante clé dorée, tradition transmise depuis 2017 par le cosmonaute russe Fiodor Iourtchikhine.

Sitôt la porte du sas franchie, Thomas Pesquet et ses acolytes font l'accolade à leurs nouveaux camarades du cosmos, tous vêtus d'une chemise de couleur bleu clair. Des embrassades vraiment folkloriques où la moitié des passagers font des pirouettes pendant que d'autres enlacent les nouveaux venus la tête en bas. La rencontre ressemble un peu à un essaim d'abeilles tournoyant autour d'un pot de miel.

Dès son arrivée à bord de l'ISS, Thomas déclare : « Nous avons hâte de commencer notre travail à bord de la station.» Et de poursuivre quelques heures plus tard, lors de sa première conférence de presse: «C'est vraiment incroyable d'être ici. La station spatiale a beaucoup changé depuis la dernière fois que je suis venu, je n'ai jamais vu autant d'astronautes à bord, je n'ai jamais vu autant de navettes spatiales et je pense que c'est un hommage à la force de ce programme.»

Ainsi commence la nouvelle aventure de Thomas Pesquet. Elle va durer cent quatre-vingt-dix-neuf jours. C'est son deuxième séjour dans l'espace en moins de quatre ans. Ce n'est plus une nouveauté, mais c'est toujours aussi fantastique. Et la routine n'a pas sa place.

Seize levers de soleil par jour

Très vite, le Français retrouve ses marques dans ce grand laboratoire orbital. Les nouveaux arrivés ont droit à une journée de repos. Au moins jusqu'au 1er mai, date du retour sur Terre de l'équipe de Crew Dragon 1 de Shannon Walker, la vie à bord va être compliquée, dans la mesure où l'ISS ne dispose que de six couchettes pour un total de onze astronautes!

Dès le surlendemain, 26 avril, la journée à bord commence à 6 heures et le rythme du travail est calqué sur le temps terrestre, malgré les levers de soleil toutes les heures et demie. Sitôt pris le petit déjeuner, les astronautes se réunissent et briefent sur la répartition des tâches. Généralement, le temps est partagé entre les activités expérimentales et l'entretien de la station, entrecoupé de deux heures de sport quotidiennes et de séances de photos depuis l'inévitable Cupola, la bulle en aluminium. Dès le 27 avril, Thomas reprend ainsi sa mission de reporter en mitraillant sa Normandie natale, puis, le lendemain, la ville de Paris. Des prises de vues d'une netteté fantastique.

Quoi qu'il en soit, le Français est surtout en orbite pour réaliser, une fois encore, une noria d'expériences scientifiques portant à la fois sur la physique des fluides, le comportement des matériaux, la télérobotique et l'étude du corps humain en apesanteur. La plupart ont été avalisées par le Cadmos de Toulouse (Centre d'aide au développement des activités en micropesanteur et des opérations spatiales). « Notre client, c'est la science », explique Rémi Canton, chef de projet de la mission Alpha.

Mettre au point une pince acoustique pour déplacer des objets sans les toucher, tester un nouveau dosimètre à fibre optique pour mieux mesurer les radiations lors des longs voyages interplanétaires, piloter des rovers à distance, mesurer l'efficacité de la réalité virtuelle, mieux gérer les déchets spatiaux, protéger les étuis de transport consommables, ou encore procéder à des expériences sur le vieillissement du cerveau : autant de thèmes d'étude sur lesquels le futur commandant de l'ISS (à partir du 4 octobre 2021) va devoir se pencher au cours de ses six prochains mois. Expériences utiles tant pour leurs retombées terrestres que pour la préparation des futures missions spatiales vers Mars et au-delà…

Préparer les futures missions interplanétaires

Dreams, Eco Pack, Télémaque, Pilote : noms bizarres qui cachent des trésors d'ingéniosité. Thomas Pesquet a beau être polyglotte, alpiniste, judoka, pilote d'avion et accessoirement saxophoniste, sa principale activité à bord de l'ISS, outre les séances quotidiennes de ménage et de sport, consiste à être un expérimentateur patenté. Des mois durant, à raison de plus de six heures par jour, le spationaute français s'attelle à la réalisation d'expériences insolites commandées et supervisées par le

Cadmos de Toulouse. À commencer par le programme « Dreams », une expérience consistant à valider un bandeau de sommeil posé sur le front et doté d'un capteur électroencéphalographique fonctionnant au moyen d'électrodes sèches[1]. Il s'agit ici de mieux mesurer le sommeil de Thomas dans un environnement très particulier du fait de la microgravité et du confinement, où le soleil se lève seize fois en vingt-quatre heures. « Nous validerons le fonctionnement du bandeau en observant les cycles du sommeil de Thomas avec le CHU de Toulouse, précise Rémi Canton. Si les mesures en micropesanteur sont validées, nous poursuivrons l'étude avec d'autres astronautes[2]. »

Autre étude incontournable confiée à Thomas Pesquet : « Eco Pack », une série d'expériences préparées par le Cadmos et consistant à mieux protéger la nourriture, mais aussi à mieux éliminer les déchets. Aujourd'hui, les astronautes de l'ISS se contentent d'utiliser notre atmosphère comme vide-ordures, le véhicule poubelle étant brûlé avant de toucher le sol terrestre ; mais on voudrait, dans un futur plus ou moins proche, éviter de jeter nos déchets dans l'atmosphère martienne.

Les volets « Renewable Foam » et « Edible Foam » de l'expérience « Eco Pack » ont pour visée d'améliorer le quotidien des astronautes de l'ISS et de leur rendre la vie plus facile à bord. Afin de remplacer les anciennes

1. Les expériences commandées par le Cadmos sont au nombre de douze ; nous ne présentons ici que les plus emblématiques et les plus spectaculaires de cette mission spatiale.
2. Propos rapportés par Laurent Marcaillou, « Thomas Pesquet testera de nouvelles technologies à bord de l'ISS fin avril », *Les Échos*, 5 mars 2021.

mousses à base de pétrole[1], jugées trop encombrantes et inutiles dans l'espace limité de la station spatiale, Thomas expérimente une nouvelle génération d'emballages. Un matériau révolutionnaire de protection à la fois recyclable, biodégradable et comestible, réalisé à partir d'organismes vivants, en l'occurrence des bactéries, confère à ces bioplastiques la capacité de se dégrader très vite dans l'environnement.

Quant aux mousses éco-innovantes alliant souplesse, résilience et comestibilité, il ne s'agit pas d'une « *fake news* », mais d'une possibilité scientifique. Cette grande première spatiale a été proposée par une entreprise française, la plateforme de transfert technologique ComposiTIC basée à Ploemeur, une commune du Morbihan proche de Lorient. Cette innovation technologique bretonne consiste en une mousse en polyester biodégradable PHA (polyhydroxyalcanoate) produite avec des bactéries en impression 3D. À propos du projet « Edible Foam », Yves-Marie Corre, responsable technique de ComposiTIC, précise dans les locaux de l'université Bretagne-Sud : « Edible a permis la création d'un caisson de protection hybride intégrant des mousses comestibles. Leur réutilisation est évidente, puisqu'elles sont destinées à terme à l'alimentation des astronautes. Devenues comestibles, ces mousses ne constitueraient plus une charge perdue, mais une charge utile en nourriture[2] ! »

1. Le matériel et la nourriture qui partent à bord de l'ISS sont systématiquement placés à l'intérieur de trousses en tissu ignifugé dont les parois sont constituées de mousses protectrices censées préserver le contenu des trousses des chocs et des vibrations subies lors du lancement.
2. www-actus.univ-ubs.fr/fr/index/articles-chroniques/industrie-du-futur/fabrication-de-mousses-eco-innovantes.html

« Pour moi, la gestion des emballages, c'est un cauchemar », confie de son côté Thomas Pesquet sur les ondes de France Inter. C'est lui-même qui avait informé le Cnes, au terme de la mission Proxima, de la nécessité de réduire à tout prix le nombre de boîtes et de diminuer les plastiques en créant des emballages qui se mangent. Le Cadmos de Toulouse l'a pris au mot. Désormais composées de pain de Gênes sur le couvercle et de pain d'épices sur les côtés, les nouvelles trousses utilisées pour empaqueter le matériel sont désormais un vrai régal !

Les activités de Thomas Pesquet dans l'ISS ne se limitent pas aux seuls tests d'un bandeau de sommeil et aux emballages comestibles. D'autres défis technologiques valent aussi le détour, à l'exemple du projet « Télémaque », imaginé aussi par le Cadmos de Toulouse. Il s'agit d'une pince acoustique d'un genre particulier. Elle ne se mange pas, mais ses performances sont tout aussi étonnantes. Ressemblant à une douchette truffée de près d'une cinquantaine de minuscules haut-parleurs, elle est en effet capable de générer un torrent d'ultrasons censé déplacer un objet à distance sans le toucher. À une fréquence de l'ordre de 40 mégahertz que seules peuvent entendre les chauves-souris, ces transducteurs piègent ainsi l'objet de quelques millimètres de diamètre dans un champ acoustique et le déplacent sans que l'homme intervienne.

Le 20 juillet 2021, Thomas Pesquet réalise ainsi une expérience concluante en dirigeant un faisceau d'ultrasons sur de petites billes. Ciel, elles bougent ! Une invention riche de conséquences. À plus ou moins brève échéance, de multiples applications terrestres pourraient en effet en découler, tant dans le domaine de la robotique que dans celui de la médecine. « Cette pince acoustique pourra à terme permettre le déplacement sur des lignes d'assemblage robotisées, la manipulation de liquides, l'administration ciblée de médicament et l'élimination de calculs rénaux », révèle Arnaud Truchet dans *La Nouvelle République*[1].

Autre expérience scientifique de manipulation à distance : celle du programme « Pilote », une technique consistant à évaluer la « méthode optimale d'assistance visuotactile ». Il s'agit, en d'autres termes, de contrôler un objet par la vue et le ressenti du toucher, c'est-à-dire d'améliorer la réalisation des missions à l'extérieur de la station ou de la fusée avec des robots pilotés à distance. Une entreprise fort utile quand nos astronautes évolueront sur Mars, voire sur les satellites éloignés des planètes géantes. Des véhicules inoccupés seront alors vraisemblablement expédiés dans des endroits difficiles d'accès, tels que des canyons, des fosses ou des sommets montagneux. Et ces rovers extraterrestres seront pilotés à distance. Casque virtuel sur la tête[2] et levier de commande haptique en main, Thomas Pesquet s'évertue à capturer et à guider un vaisseau spatial imaginaire à l'aide d'un bras robotique. La tâche n'est pas aisée : à chaque instant, le Français doit estimer le bon geste, la bonne distance, la bonne réaction. Finalement, il mène son expérience de neurosciences avec succès…

1. Article paru le 21 avril 2021, soit bien avant que Thomas Pesquet ne réalise son expérience.
2. Ce casque de très haute technologie permet de restituer tant la perception de déplacement dans l'espace que le sens tactile, à savoir un système visuo-haptique.

Les astronautes ne sont pas des robots

L'activité scientifique de notre spationaute a beau être débordante, voire fastidieuse, il ne se départit jamais de sa concentration, de sa rigueur, non plus que de sa bonne humeur et de son sens de l'humour. « Un astronaute, c'est à la fois le sportif dans la salle de sport et le mécanicien qui entretient les machines. J'ai dû réparer l'ergomètre de notre vélo. C'est le mécanisme qui oppose une résistance quand on pédale, pour simuler la route », relate-t-il sur son compte Instagram, alors suivi par près de deux millions d'internautes. Et d'ajouter avec un large sourire, en montrant son nouveau lieu de vie : « Ça a l'air d'être le chaos, mais on s'y retrouve. »

La vie à bord n'est d'ailleurs pas toujours rythmée par le travail, le ménage ou les séances de sport. Thomas s'accorde ainsi des moments de détente, comme cette conversation surréaliste et stellaire du 7 mai avec le groupe anglais Coldplay sur fond de clair de Terre. Le spationaute français s'offre même le lancement interplanétaire du dernier album du groupe, *Music of the Spheres*, avec leur premier single « Higher Power », sorti le même jour sur Terre. « La musique des sphères » : un univers dystopique tout à fait approprié où il est question à la fois de vaisseaux spatiaux, de villes futuristes et d'aliens improbables.

Quinze jours plus tard, le 22 mai, Thomas s'octroie une nouvelle pause en assistant cette fois à la finale de la coupe d'Europe de rugby. Fait exceptionnel, la rencontre oppose deux clubs français, l'incontournable Toulouse, déjà plusieurs fois détentrice du titre, et l'équipe de La Rochelle, toute de jaune vêtue comme à l'accoutumée. Arborant le maillot du stade toulousain, Thomas partage pour l'occasion de belles séances de rire et de complicité avec son collègue japonais Akihiko, lui aussi passionné de ballon ovale. Pour la petite histoire, Toulouse remporte le match. Mais là n'est pas l'essentiel. Goûter de temps à autre à des plaisirs bassement terrestres est indispensable à nos arpenteurs du cosmos. Il y va de leur équilibre psychique. Non, les astronautes ne sont pas des robots.

L'EVA, ou quand le pire côtoie le meilleur

Nous sommes le mercredi 16 juin 2021, au début de l'après-midi, heure de Paris. C'est le grand retour des « marathoniens de l'espace », ainsi qualifiés depuis leurs exploits de 2017. Quatre longues années se sont écoulées depuis la double prestation spatiale réussie de Thomas Pesquet et de son collègue Shane Kimbrough. Il leur faut une fois encore répéter leurs gestes, attendre longuement l'ouverture du sas de décompression et connaître avec exactitude le contenu de leur mission. Une EVA n'est jamais anodine. « Les sorties extravéhiculaires longues sont probablement ce qui est le plus difficile physiquement dans ce métier », souligne le spationaute Jean-François Clervoy[1]. Pour réaliser un tel défi, les *spacewalkers* se doivent d'être des professionnels à toute épreuve.

Les deux astronautes ne s'apprêtent pas à sortir dans le vide interplanétaire – un environnement toujours hostile, dangereux et surtout imprévisible – comme s'il s'agissait d'un simple travail de routine. Cette nouvelle « balade » à 400 kilomètres au-dessus de la surface de la Terre, Thomas Pesquet la redoute autant qu'il la désire. Un rêve de gosse qui ressemble à un travail fastidieux de mécanicien. Le *spacewalk* est en effet une

1. *In* Frank Lehot, *Entretiens avec un astronaute, op. cit.*

expérience excitante et enivrante, doublée d'une épreuve dangereuse et épuisante où l'approximation n'a jamais sa place. La concentration et l'inconfort des *spacewalkers* sont permanents. Qu'ils perdent un outil, que leur combinaison soit percée par une micrométéorite ou qu'ils soient brutalement victimes d'une panne du système de refroidissement du scaphandre, et l'EVA court à la catastrophe. L'un des pires scénarios serait de ne plus pouvoir rentrer dans la station en raison d'une défaillance du scaphandre, comme cela faillit se produire pour Leonov en 1965[1]...

Censée les protéger des multiples dangers du cosmos, leur combinaison de 200 kilos n'en est pas moins une véritable torture. Évoluer en plein vide, pendant six longues heures, dans ce « gros sac bardé d'électronique », revient à tenter l'ascension du mont Blanc avec l'armure du chevalier Bayard...

Une heure perdue dans le vide spatial

Cette première EVA de la mission Alpha est la troisième pour Thomas Pesquet. À la différence des *spacewalks* de 2017, le Français est maintenant le responsable de la sortie extravéhiculaire, comme en attestent les bandes rouges cousues sur sa combinaison[2]. Une grande première spatiale pour notre spationaute. Une heure avant sa grande sortie dans le « vide intersidéral[3] »,

1. Voir p. 86.
2. Shane Kimbrough porte quant à lui des bandes bleues.
3. En réalité, l'espace situé entre les étoiles débute bien au-delà de l'orbite de Pluton et de la ceinture de Kuiper, à environ 15 milliards de kilomètres de notre Terre. C'est l'héliopause, à savoir la frontière ultime du Système solaire. Au-delà, s'étend le milieu interstellaire. Seuls quatre engins interplanétaires ont

il ne semble pourtant pas crispé, même si sa concentration est extrême.

L'épreuve du *spacewalk* commence avant même l'ouverture du sas. Naturellement, les deux astronautes désignés ne sortent pas dans l'espace sitôt leur lourde combinaison enfilée. Pour prévenir tout incident fatal, le scaphandre en question subit plusieurs paliers de décompression, un peu à la façon des plongeurs qui remontent à la surface de l'océan. Une épreuve déjà épuisante, indispensable pour pallier la rigidité de la combinaison. Afin d'évacuer la trop grande quantité d'azote dans leur sang, le Français et son acolyte américain respirent ainsi de l'oxygène pur avec un masque en faisant de grands gestes pour accélérer le flux sanguin.

Une fois dehors, la souplesse du scaphandre laisse toutefois encore à désirer. Les gestes des *spacewalkers* sont lents et étudiés. Surtout, nos deux « marcheurs » doivent lutter à tout prix contre l'inévitable sensation de vertige qui les saisit d'emblée en observant la Terre sous leurs pieds. Quand enfin Thomas Pesquet et Shane Kimbrough avancent à tâtons, littéralement collés aux parois de la station internationale, ils ne sont pas livrés à eux-mêmes dans le vide, mais accrochés à un câble et à des mousquetons pour éviter l'éviction dans l'espace. Qu'un tel incident survienne et notre *spacewalker*, plus mort que vif, dériverait pour l'éternité dans les espaces infinis…

Et pourtant, pour affronter les dangers du cosmos, les deux astronautes ont enfilé des combinaisons qui

---

franchi l'héliopause : les sondes d'exploration *Pioneer* et *Voyager*, lancées au milieu des années 1970. À leur bord, des messages sous forme de plaques ou de disques à destination d'éventuels récupérateurs extraterrestres.

réduisent à la fois leur champ de vision et leur capacité de mouvement. Un comble. Jouer les mécanos ou les plombiers dans le vide spatial demande en effet d'avoir une conscience d'autant plus aiguë de toutes les menaces de ce milieu hostile que les astronautes sont engoncés dans leur scaphandre.

Ce 16 juin 2021, la mission de Thomas Pesquet et Shane Kimbrough consiste à décrocher de son support un panneau solaire de plus de 350 kilos, puis de le réinstaller un peu plus loin, afin d'améliorer les capacités de production d'énergie de la station. Une opération de maintenance lourde et longue, interrompue au terme de deux heures de « marche ». Tout commence par une défaillance du scaphandre de Kimbrough. Non seulement les spécialistes de Houston ne peuvent plus contrôler les données de sa combinaison, mais la pression de son système de refroidissement remonte brutalement. Contre toute attente, il est obligé de regagner la station plus tôt que prévu afin de réinitialiser sa combinaison.

Pendant une bonne heure, resté quant à lui à l'extérieur de l'ISS, Thomas doit occuper son temps en s'accrochant par les pieds à un bras robotique. Une expérience insolite et surtout très stressante. Et les ennuis ne s'arrêtent pas là. À peine ressorti, Shane a rejoint Thomas pour parachever ensemble leur travail en déplaçant le panneau solaire à l'endroit prévu, à l'extrémité gauche de la poutrelle de la station spatiale, sur le segment P6. Ce panneau solaire d'une nouvelle génération est le premier spécimen d'une série de six panneaux baptisés Irosa (ISS Roll Out Solar Array). L'engin, une fois déroulé, avoisinera les 19 mètres d'envergure. C'est alors que survient un nouvel imprévu : le panneau ne se déploie pas correctement en raison d'un problème d'alignement. Pressés par le temps et obéissant aux ordres de Houston, nos deux *spacewalkers* sont contraints d'ajourner le branchement des connexions électriques du panneau.

Toujours philosophe et résolument optimiste, Thomas Pesquet commente en ces termes sur son compte Twitter sa troisième EVA riche en émotions : « C'était à la fois une expérience magique et un vrai combat. Je ne suis pas près d'oublier ce petit tour au bout du bras robotique en tenant un équipement qui fait trois fois mon poids. Heureusement que Megan est championne de conduite du bras robotique. »

Trois EVA en l'espace de neuf jours

Dimanche 20 juin 2021. Quatre jours après leur « marche spatiale » avortée du 16, Thomas et Shane remettent ça pour une sortie extravéhiculaire de près de six heures et demie. Leur mission : parachever celle du mercredi précédent et installer un second panneau solaire, toujours sur le segment P6 de la station. « On va retourner dans le vide de l'espace pour finir le travail de la première sortie et pour installer le second panneau », écrit le spationaute français sur son compte Twitter.

À 13 h 42 précisément, heure de Paris, Shane Kimbrough et Thomas Pesquet ouvrent l'écoutille du sas de décompression après avoir actionné la batterie de leur combinaison. C'est le début du deuxième acte, la deux cent quarantième sortie extravéhiculaire depuis le début de l'exploitation de l'ISS. Comme le mercredi précédent, les deux astronautes ont d'abord évacué l'azote de leur sang et respiré de l'oxygène pur à l'aide de leurs masques pour éviter tout incident de décompression. De nouveau dans le vide spatial, ils évoluent maintenant à tâtons vers le premier panneau pour faciliter son déploiement. Trois bonnes heures sont nécessaires à la réalisation de cette tâche. Au prix d'une concentration maximale, nos deux arpenteurs du cosmos parviennent à déplier le large panneau, à le fixer au moyen de boulons et à connecter les câbles à l'alimentation électrique de la station orbitale. Un travail de titan quand on est suspendu dans le vide spatial.

Le premier panneau solaire est à peine opérationnel que Thomas et Shane s'occupent du second, toujours enroulé sur son tube. Nos deux « marathoniens de l'espace » n'entendent pas déroger à leur réputation. Armés de leur perceuse-visseuse spatiale, le fameux PGT (*Pistol Grip Tool*), ils dévissent méthodiquement les quatre boulons de chaque côté du panneau solaire dans le sens inverse des aiguilles d'une montre – comme sur Terre. Un parcours sans faute. Mais, leur cadence a beau être rapide et leur travail efficace, nos deux *spacewalkers* ne disposent pas d'assez de temps pour achever l'installation du second panneau solaire. Cinq jours plus tard, le vendredi 25 juin, ils seront obligés de sortir une nouvelle fois dans le vide, la troisième en neuf jours. Une fois encore, l'intervention des deux « marathoniens » dure plus de six heures et demie – autrement dit, quatre bonnes rotations autour de la Terre ! Toujours en compagnie de son inséparable binôme, Thomas Pesquet installe le second panneau solaire avec un savoir-faire et un sang-froid exceptionnels[1]. Après avoir utilisé le

1. À noter que les panneaux solaires sont installés par-dessus les anciens. La puissance électrique de l'ISS devrait en outre passer de 160 à environ 215 kilowatts. Plus petit et plus souple que son prédécesseur, ce panneau de nouvelle génération devrait équiper la station spatiale Gateway qui doit graviter autour de la Lune à partir de 2025. Avec quatre fois plus de surface que l'ancien panneau, il produit autant d'énergie.

marchepied au bout du bras robotique pour amener le panneau solaire à sa position finale et le dérouler comme un tapis, l'astronaute français branche les câbles électriques et visse les derniers boulons en un temps record. La mission est un succès total.

Tout en affichant clairement son soulagement et sa satisfaction, le Français admet la difficulté de sa triple intervention dans le vide spatial lors d'un entretien donné sur France 24 : « C'était vraiment des charges lourdes, une chorégraphie compliquée avec le bras robotique. On était proches des panneaux solaires, il y avait toujours un peu de stress, il fallait toujours faire attention à ce qu'on faisait… C'était beaucoup plus vertigineux que ce que j'avais pu faire avant et, physiquement, c'était beaucoup plus difficile[1] »…

L'avant-veille même, le 20 juillet, Jeff Bezos a inauguré le « tourisme spatial de masse » en embarquant à bord de sa propre fusée *Blue Origin.* Un vol de 10 minutes et 20 secondes en orbite basse, au prix de 28 millions de dollars le ticket. C'est tout au moins la coquette somme qu'a dû débourser un certain Oliver Daemen, un jeune Néerlandais de dix-huit ans.

En direct… du royaume de Logres

21 juillet 2021. Tout juste un mois après son excursion dans le vide spatial, Thomas Pesquet s'offre un plaisir intemporel : la série culte *Kaamelott,* dont il a embarqué la totalité des épisodes. Fan depuis toujours, il n'aurait raté pour rien au monde la sortie du long-métrage d'Alexandre Astier. D'une certaine façon, le

1. Sylvain Rousseau, « Exclusif : depuis l'ISS, Thomas Pesquet accorde depuis l'espace un entretien à France 24 et RFI », France24.com, 22 juillet 2021.

mythe des chevaliers de la Table ronde rejoint l'épopée des « marathoniens » de l'espace. Animés par le même esprit d'aventure, tous sont confrontés à la fois à l'inconnu, au merveilleux et aux défis de toutes sortes. À une différence près : Thomas et ses pairs affrontent des menaces bien réelles. Une fois n'est pas coutume, un film français a ainsi droit à une diffusion interplanétaire ou, pour être exact, à une « première mondiale » hors de notre planète. Le mérite en revient à notre spationaute national. « Maintenant, il ne me reste plus qu'à prendre quelques photos du royaume de Logres », souligne-t-il avec une certaine ironie sur son compte Twitter.

Au même titre que le travail à bord, la déconnexion et la détente sont indispensables pour nos arpenteurs du cosmos. Pour ces hommes et ces femmes arrachés à la pesanteur pendant plusieurs mois, le rattachement aux racines terrestres est vital. Après s'être entretenu avec le groupe Coldplay, avoir assisté au match de rugby de son équipe préférée et visionné son film fétiche, Thomas Pesquet se sent en effet ragaillardi et gonflé à bloc pour poursuivre sa grande ronde autour de notre planète.

Seul maître à bord… ou presque

Plus de cinq mois se sont désormais écoulés depuis le début de la mission Alpha. Le 12 septembre 2021, Thomas Pesquet a effectué une nouvelle sortie extravéhiculaire, totalisant ainsi 39 heures et 54 minutes dans l'espace.

Une fois n'est pas coutume, l'événement phare du jour n'est pas une nouvelle EVA, mais une montée en grade. Le lundi 4 octobre, le Français est promu commandant de l'ISS, comme prévu. Après avoir joué Lancelot en apesanteur pendant plus de cinq mois, notre spationaute devient le roi Arthur de la Station spatiale internationale… pour une durée de treize jours. Le 17 octobre, il cédera en effet les commandes à un Russe, Anton Chkaplerov, qui n'est pas encore présent à bord : il doit arriver le lendemain même de la nomination du Français. Thomas Pesquet succède ainsi à son collègue Akihiko Hoshide. Ni champagne ni petits fours, la cérémonie de passation de pouvoir est réduite à sa plus simple expression, avec les incontournables discours traditionnels du sortant et de l'arrivant. Symbole toutefois singulier de cette permanence en apesanteur, l'offre d'une grosse clé dorée au nouvel élu par son prédécesseur japonais.

Si c'est déjà le cinquante-troisième changement de commandement à bord depuis une vingtaine d'années, c'est seulement la quatrième fois qu'un Européen occupe ce poste et surtout la première fois pour un Français. Il ne faut pas croire pour autant que le commandant a tous les droits. Aussi étendues soient ses compétences, il doit en effet rendre en permanence des comptes aux quatre directeurs de vol restés au sol, à savoir aux chefs des centres de Houston, Moscou, Munich et Tsukuba. Un vrai collège des éphores[1] à la mode spatiale.

Dès le début de la journée, Thomas s'entretient avec les directeurs de vol, à 400 kilomètres sous ses pieds. Avec leur aval, le nouveau commandant fixe ainsi le planning du jour et le travail quotidien des astronautes de l'ISS, dirige toutes les opérations et veille à la bonne coordination de toutes les activités à bord. Qui plus est, le « maître à bord » est indispensable en cas de problèmes

1. Dans l'antique Sparte, réputée pour ses valeureux guerriers, la fonction des deux rois était sous la constante surveillance d'un collège de cinq éphores, juges, trésoriers et éducateurs, véritables maîtres de la Cité lacédémonienne.

graves, incendie ou dépressurisation par exemple. En clair, celui qui dirige l'ISS joue le rôle de sauveur. « Sauver l'équipage, sauver la station, sauver la mission », tel est le credo d'un bon commandant spatial.

En attendant, Thomas Pesquet va devoir gérer le « débarquement » de touristes d'un nouveau genre. Le lendemain même de son « sacre » arrive en effet un nouvel équipage à bord d'un vaisseau Soyouz. Parmi eux, le futur commandant de l'ISS, Anton Chkaplerov, mais aussi deux professionnels russes du cinéma, le réalisateur Klim Chipenko[1] et l'actrice Ioulia Peressild. Leur objectif : tourner un film de science-fiction dans l'espace. Un projet cinématographique que l'on pourrait qualifier de « réalisme futuriste ».

Avec son auréole de cheveux blonds constamment dressés en raison de l'apesanteur, la jolie Russe de trente-sept ans défraie la chronique spatiale à bord de l'ISS. Elle aurait été choisie parmi trois mille candidates. Conformément au scénario du film, Ioulia Peressild joue le rôle d'une chirurgienne, s'assignant comme mission fictive de sauver un astronaute en perdition. Tout un programme ! De son côté, pour réaliser ce long métrage, Klim Chipenko ne dispose que de treize kilos de matériel. Autrement dit, presque rien dans un cadre pourtant extraordinaire. Encore un paradoxe. S'occupant à la fois du maquillage, de l'éclairage et du tournage, Chipenko fait office de studio de cinéma à lui tout seul. « Je n'ai personne à qui demander des conseils, avoue le cinéaste. Je n'ai aucun cadreur à qui demander comment filmer à la lumière du hublot. »

1. En 2019, son film *Texto* a remporté le prix François-Chalais du meilleur scénario au Festival du cinéma russe de Honfleur.

Le séjour des deux artistes au sein de la station orbitale ne dure pas moins de douze jours. Autrement dit, pendant toute la durée du commandement de Thomas. Si l'on en croit l'agence spatiale russe Roscosmos, le film dépasserait le cadre expérimental. La mission de Chipenko répondrait en fait à des motivations essentiellement politiques, censées réhabiliter l'image de l'industrie spatiale russe, largement ternie après une série de scandales de corruption et surtout la perte lucrative des vols habités vers la station orbitale. Intitulé *Le Défi*, le film sortira dans les salles en avril 2023.

Le 16 octobre 2021, la veille du retour de l'équipe de tournage à terre, le Français est confronté à un incident inattendu : l'ISS est légèrement désaxée après l'allumage des propulseurs du vaisseau Soyouz MS-18. Ce n'est d'ailleurs pas la première fois que l'axe de rotation de la station internationale est perturbé à la suite de l'allumage d'un moteur de vaisseau ou de module. Au mois de juillet 2021, l'ISS avait ainsi été déplacée de 45 degrés après une manœuvre imprévue du module russe Nauka, alors tout juste arrimé à la station. Pour rétablir celle-ci sur son orbite, l'équipage avait dû actionner les moteurs du segment russe de l'ISS.

L'incident est de courte durée. Bizarrement ou significativement, sur Twitter, les ingénieurs de Baïkonour passent sous silence l'intervention de Thomas Pesquet en vue du rétablissement de l'ISS, insistant uniquement sur le rôle majeur des cosmonautes russes à bord de l'ISS. La collaboration spatiale en orbite serait-elle un leurre ? On serait tenté de le croire, à six mois de l'invasion russe en Ukraine : une guerre de haute intensité comme l'Europe n'en avait pas connu depuis la fin de la Seconde Guerre mondiale. Pis, les grands états-majors de la planète exhument toute la rhétorique de la Guerre froide et menacent les voisins et amis d'autrefois de représailles nucléaires.

À n'en pas douter, la coopération des grandes puissances à 400 kilomètres au-dessus de nos têtes ne change rien au désordre du monde…

Retour sur Terre, acte II

Novembre 2021. C'est l'heure du dernier round pour Thomas Pesquet. Après l'atterrissage dans la steppe kazakhe en 2017, voici l'amerrissage au large des côtes de Floride. « Une fierté d'avoir représenté la France une nouvelle fois dans l'espace », a-t-il tweeté quelques heures plus tôt. Et il ne rentre pas seul. Aux côtés du Japonais Akihiko Hoshide et des Américains Shane Kimbrough et Megan McArthur, le Français revêt la combinaison rétrofuturiste tout droit sortie d'une bande dessinée. En ce soir du lundi 8 novembre, ils sont quatre, trois hommes et une femme, à quitter l'ISS désormais aux commandes du russe Anton Chkaplerov.

Ce désamarrage de la station n'est plus une première pour Thomas Pesquet. Il a déjà vécu cette expérience quatre ans plus tôt, mais c'était à bord d'un vaisseau Soyouz, au côté de son seul coéquipier Oleg Novitski, et le retour s'était déroulé sur la terre ferme, au milieu de la journée[1]. Cette fois, l'équipage est deux fois plus nombreux. Même si la capsule est du dernier cri technologique, le retour est programmé en pleine mer et au milieu de la nuit. Le 5 novembre, le spationaute français confiait devant les caméras qu'il appréhendait quelque peu cet amerrissage nocturne : « Nous ne sommes pas

1. Voir chapitre précédent, p. 128.

en très bonne condition physique et on a déjà naturellement le mal de mer en rentrant sur Terre. »

Comme en juin 2017, épilogue de la mission Proxima, Thomas accuse le coup de plus de six mois passés à bord de la station orbitale. Son cœur a en effet rétréci, ses muscles ont fondu et il ne tient plus sur ses jambes. Quoi qu'il en soit, son moral est toujours au beau fixe et sa volonté de bien faire inébranlable. Si l'opération du retour sur Terre s'avère toujours délicate, il est hors de question pour l'ambitieux Français de ne pas être au rendez-vous. Au terme d'un parcours sans faute de cent quatre-vingt-dix-neuf jours, il serait dommage d'échouer au dernier épisode…

Mais le voyage de retour s'effectue sans embûches. Après huit heures et demie de dérive dans l'océan spatial, la capsule Crew Dragon de SpaceX traverse l'atmosphère comme il se doit. La température extérieure, autour de la coque, s'élève alors à 1 600 °C, puis elle libère ses quatre parachutes de freinage à près de 2 000 mètres d'altitude et s'échoue en pleine mer à l'heure dite. Les événements s'accélèrent alors. Hissé au moyen d'une grue sur un navire de l'armée, le vaisseau expose sa coque laminée par les frottements atmosphériques. Une équipe de techniciens ouvre l'écoutille de la capsule et les quatre occupants en sont extraits un par un. Thomas Pesquet est le dernier des occupants à sortir du Crew Dragon, épuisé mais triomphant. Groggy, il n'en lève pas moins les pouces et croise les doigts. Allongé sans attendre sur un brancard, il est transporté sur un bateau jusqu'à la terre ferme, où un hélicoptère l'emmène vers Houston avant de repartir en avion pour l'Europe.

Ainsi débute un « programme de remise en forme » de trois semaines. À compter de cet instant, le Français n'a plus qu'une envie : repartir pour l'espace, mais cette fois beaucoup plus loin : sur la Lune. Invité sur France 5, son confrère Jean-François Clervoy salue l'exploit de l'astronaute de quarante-trois ans : « Thomas coche toutes les cases pour marcher sur la Lune d'ici 2030. » Après trois cent quatre-vingt-quinze jours passés dans l'espace, l'aventure ne fait que commencer…

Conclusion

Le premier astronaute lunaire français ?

16 novembre 2022. La fusée géante SLS s'est enfin arrachée de son pas de tir floridien. Le lancement a eu lieu en pleine nuit, à 1 h 47. Un petit pas pour la Nasa, un grand pas pour la conquête spatiale. Tout juste un demi-siècle après l'épilogue des missions Apollo, l'aventure lunaire est de retour, après deux tentatives avortées. En effet, après un premier report dû à une panne de moteur qui n'a pu se refroidir, le compte à rebours du départ de la SLS a de nouveau été arrêté en raison d'une météo défavorable. Mais enfin, comme prévu, au terme d'un périple dans l'espace de vingt-cinq jours, Artemis 1 a fait le tour de la Lune, puis est revenue sur Terre. Succès total et prometteur de lendemains encore plus fantastiques.

Pour ce premier vol d'essai, si aucun astronaute n'est présent à bord, tous les candidats au grand saut vers la Lune ont scruté avec une attention toute particulière le décollage du vaisseau. Parmi eux, un certain Thomas Pesquet. De la réussite de la mission Artemis dépend en effet son avenir dans l'espace. Pour le Normand en quête de nouvelles sensations, la marche sur la Lune serait l'aboutissement d'une carrière déjà riche en événements.

L'astre sélène représente cependant un tout autre défi que la Station spatiale internationale. La Lune est bien plus lointaine que l'ISS et, à sa surface, les hommes ont vraiment l'impression d'évoluer sur un autre monde. L'horizon y est rétréci, un sol rocailleux et poussiéreux s'étend à perte de vue et, surtout, la nuit y est permanente.

Interrogé sur les perspectives d'une conquête de l'espace renouant avec les exploits du passé, Thomas Pesquet ne cache pas ses ambitions lunaires. Devenir « l'Armstrong français » est son vœu le plus cher. « On a réussi à avoir notre place, déclare-t-il au sujet des astronautes européens, et c'est une place non négligeable. Il y a trois vols qui sont déjà négociés, entre 2027 et 2030. Chaque mission comporte deux ans d'entraînement au moins[1]. »

Depuis le succès d'Artemis 1, notre héros national vit dans l'espoir de fouler un jour le sol sélène. Gageons que les dieux du cosmos lui seront favorables…

1. « Mission Artemis. Thomas Pesquet sera-t-il le treizième homme à marcher sur la Lune ? », *Ouest-France*, 29 août 2022.

Table

Troisième partie

La mission alpha, ou la folle odyssée de SpaceX

DU MÊME AUTEUR (SUITE)

L'Histoire en état de siège, L'Opportun, 2013.

Hannibal, l'homme qui fit trembler Rome, L'Archipel, 2012.

Jeanne d'Arc, Larousse, 2012.

Les Thermopyles, la plus célèbre bataille de l'Antiquité, Larousse, 2011.

Rends-moi mes légions ! Le Plus Grave Désastre de l'armée romaine, Larousse, 2010.

Le Mythe de la fin du monde, Trajectoire, 2009.

Mary Stuart, la reine aux trois couronnes, L'Archipel, 2009 ; Archipoche, 2019.

Les Derniers Jours des Romanov, L'Archipel, 2008 ; Archipoche, 2017.

Vauban, le maître des forteresses, L'Archipel, 2007.

Le Mystère des cathédrales, De Vecchi, 2007.

Les Grands Assassinats, Trajectoire, 2006.

La Seconde Guerre mondiale, De Vecchi, 2005.

Voyage au bout de la galaxie : premier guide touristique de la Voie lactée, JMG, 2004.

Le Temps manipulé, F. Lanore, 1996.

Le futur nous observe, Desforges, 1980.

DU MÊME AUTEUR

AUX ÉDITIONS DE L'ARCHIPEL

Elon Musk

De Tesla à X, les défis de l'homme qui invente notre futur

Une fusée réutilisable qui banalisera le voyage vers Mars, une voiture électrique et autonome de luxe, un réseau satellitaire d'accès au web… Leur concepteur : un autodidacte surdoué, Sud-Africain naturalisé américain. Dès le milieu des années 1990, Elon Musk pressent l'impact d'Internet sur notre quotidien. Son credo : transformer les découvertes scientifiques en projets réalisables et lucratifs.

PayPal, Tesla, Starship, Model X, Neuralink, OpenAI, Hyperloop… Innovateur génial, Musk aligne les défis et prend des risques, quitte à sacrifier sa vie familiale et à s'aliéner une partie de ses équipes. La performance est son seul critère. Mi-playboy, mi-cowboy de l'espace, l'homme qui veut coloniser la planète rouge est devenu en quelques années l'incarnation de la Silicon Valley.

Ambitieux, visionnaire, mégalo, déroutant, adepte des déclarations fracassantes, l'homme le plus riche de la planète est aussi l'un des plus imprévisibles. Luc Mary le suit à la trace, depuis son enfance à Pretoria jusqu'aux essais de la puce Neuralink sur l'être humain, en passant par les succès des lanceurs SpaceX. Il dévoile la personnalité d'un entrepreneur iconoclaste, qui ne craint pas de susciter le scandale : gestion chaotique du réseau X (ex-Twitter), popularité en dents de scie et vie privée tumultueuse.

ISBN 978-2-8098-4488-7 / 308 pages / 21 €

Cet ouvrage a été composé par
Soft Office à Eybens (Isère)

Impression réalisée par
CPI Brodard & Taupin
en mai 2024
pour le compte des Éditions de l'Archipel
département éditorial
de la S.A.S. Écriture-Communication.

Imprimé en France
Rang de tirage : 01
N° d'impression : 3056252
Dépôt légal : juin 2024